人物で見る台湾百年史

吉田荘人

鴻儒堂出版社發行

まえがき

台湾は変革を繰り返しながら、農耕社会から商工業社会へと歩んでいる。一小島から、アジアの四匹の小竜（台湾・韓国・香港・シンガポール）に数えられるまでに発展した。台湾が今日のように発展したのは、近百年来の島民の忍耐と努力の結晶にほかならない。その間、島民の国籍は清国・日本国・中華民国へと変わった。中でも、日本領有時代に築かれた基礎と島民の勤勉さは、台湾の変貌を促す原動力になっていると思われる。

台湾は満州とともに、かつて日本の植民地支配下にあった。満州出身者を描いた著作や伝記は目につくが、台湾出身者の史料はあまり見当たらない。教科書や学術論文にしても、中国大陸の歴史上の人物を扱ったものが主で、台湾の傑物に関する記述は稀である。戦後、台湾人が中国国籍に戻ったにもかかわらず、日本人に認知されていないように思われる。

本書では、政治や経済・芸術・医学などの分野で、日本領有期間と中国復帰後に跨って活躍した十三人に焦点を当てて、その人物像を描いた。それぞれの生涯を通して、百年来の台湾史の一面と時代の背景を窺うことができよう。そして、先人の成功や挫折・奮闘・栄誉などの事蹟から教訓を学び、視野を広げることもできよう。

また、二・二八事件を境に、日本と国民党支配下の両体制に対する、島民の受け止め方が大きく変わった。それで、台湾人に大きな衝撃を与えた二・二八事件についても、特に一章を設けて、その経緯を詳細に記した。

本書で取り上げた傑物たちは、日本と深い関わりがあり、日本史上の人物の一部といっても過言ではあるまい。今後、台湾の発展に寄与した人々の功績が、広く世に伝わることを願って止まない。

人物で見る台湾百年史◆目　次

目　次

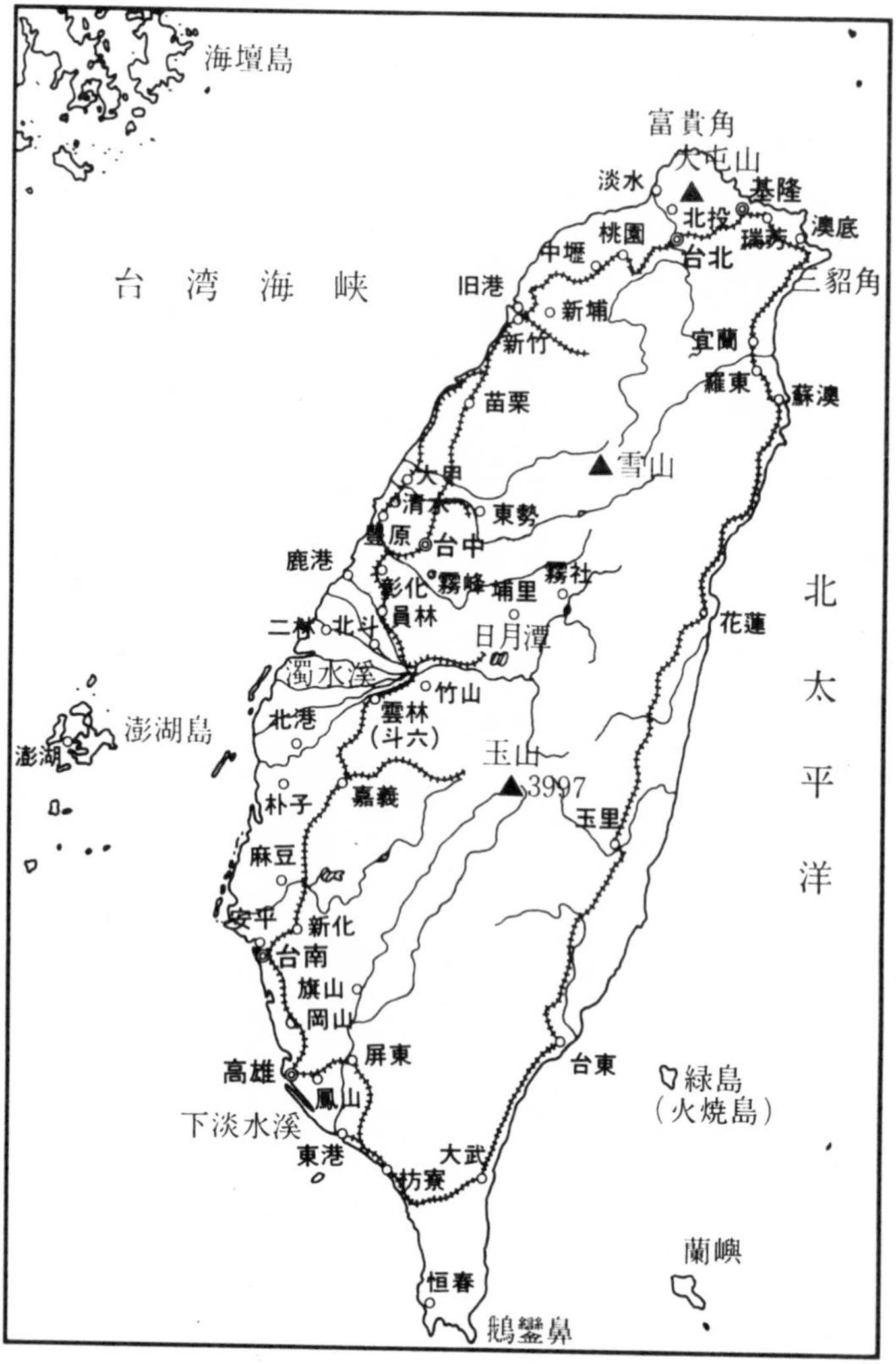

海壇島
富貴角
大屯山
淡水
基隆
北投
澳底
桃園
瑞芳
中壢
台北
三貂角
台　湾　海　峡
旧港
新埔
新竹
宜蘭
羅東
蘇澳
苗栗
雪山
大甲
清水
東勢
豊原
台中
鹿港
彰化
霧峰
霧社
埔里
北
太
平
洋
二林
北斗
員林
花蓮
日月潭
濁水溪
竹山
澎湖島
北港
雲林
(斗六)
澎湖
玉山
3997
嘉義
朴子
玉里
麻豆
安平
新化
台南
旗山
岡山
屏東
高雄
台東
緑島
(火焼島)
鳳山
下淡水溪
東港
大武
枋寮
蘭嶼
恒春
鵝鑾鼻

第一部　日本統治から日中戦争へ

一、列強に揺れる島——台湾前史

異民族との戦い　台湾は、大陸と台湾海峡を隔てて東シナ海に浮かぶ島である。太平洋沿岸の最西端、フィリピン諸島の北に位置する。南北三百八十キロメートル、東西百四十キロメートルの細長い芋の形をしている。面積は九州よりやや小さい。島の中央を横断する北回帰線によって、北は亜熱帯、南は熱帯気候に分かたれる。

島の原住民である高山族は、数千年前から住みついたと推定される。種族特質からいえば、南方古モンゴル人種の原マライ人系に属する。言語は、マラヨ・ポリネシア語族のインドネシア語系、文化特質上はインドネシア文化群に属する。漢民族が定住するようになったのは、かなり後のことである。

元《げん》の世祖の至元十八年（一二八一）、一説には恵宗の至元元年（一三三五）、澎湖島に巡検司を置いた。このころ高山族のほか、移住民が既に千六百余人も住んでいた。明《みん》の熹宗の天啓二年（一六二二）七月、オランダ艦隊は澳門《マカオ》で明とポルトガルの連合軍に敗れ、澎湖島へ追われた。オランダ艦隊は、澎湖島で明軍と八カ月間も戦った。

天啓四年（一六二四）八月一日、オランダの帆船ゼーランジャ号が澎湖島に着いた。帆船に乗り合わせていた商人やソンク医師は、オランダ側の不利を悟り、明と平和条約を結んだ。オランダは、澎湖島から撤退する代わりに台南へ本拠地を移し、明から貿易上の特権を与えられた。翌年一月二日、ソンクは駐台湾オランダ政庁の主宰者となったが、次の年の十二月に台南で病死した。

ルソン島を領有していたスペイン人は、貿易上の権益が損なわれることを懸念し、台湾の北部に遠征軍を進駐させた。まず、天啓六年（一六二六）に基隆《キールン》へ上陸したスペイン人は、サン・サルバドル城を築いた。次いで、毅宗の崇禎二年（一六二九）、淡水にサン・ドミンゴ城（紅毛城）を築造した。

その翌年、オランダ人は台南の安平《アンピン》にゼーランジャ城を造った。治安を維持するためにキリスト教の伝道によって高山族を教化し、大陸から漢民族の移住を奨励した。

台湾の風土病といえば、まずマラリアを挙げることができる。オランダ人はよくマラリアにかかり、病死する者がかなりいた。したがって、宣教師の中でも台湾を離れたがる者が多かった。そこで、バタビア（現在のジャカルタ北郊）の東インド会社からオランダ人医師を呼んで、台南に医療機関を設けた。これが、台湾の西洋医による医療の始まりである。

スペイン人が基隆や淡水を占拠していることは、オランダ人にとって貿易上不利であった。崇禎十五年（一六四二）、オランダ艦隊は台湾北部に進撃し、スペイン人を追い払った。スペインは、僅か十六年で台湾北部の支配権を失った。

台湾を手中に収めたオランダは清《しん》の世祖の順治七年（一六五〇）、台南にプロビデンシャ城（赤嵌楼）を築いた。その支配下には六万八千人の原住民がいた。オランダ人は、大陸出身の移住民に重税を課したため、幾度か反乱が起きた。

鄭氏政権の支配　順治十七年（一六六〇）、台湾の移住民は十万に達し、台南近辺だけで二万五千を数えた。翌年四月、清軍に追い詰められた明の遺臣鄭成功《ていせいこう》（一六二四―一六六二）は、艦隊を率いて台湾に進撃した。オランダの兵力は二千二百しかなかったので、プロビデンシャ城は数時間で落とされた。五月二日、台湾は東都と改称された。

鄭成功は移住民の協力を得て、ゼーランジャ城に七カ月間も立て籠もったオランダ軍を破った。翌年二月一日に講和条約が結ばれ、オランダ人はバタビアの東インド会社へ退去した。このようにして、オランダ人による三十八年間の台湾統治に終止符が打たれた。

オランダ人に代わって台湾の支配者となった鄭成功は、僅か数カ月で病死した。明の復興を願って、長男鄭経《ていけい》（一六四三―一六八一）が後を継いだ。

一方大陸の沿岸では、清の統治に不満を持つ住民が続々と台湾へ渡った。鄭成功の出身地泉州府南安県の者が最も多く、漳州がその次であった。その数は六万二千人にも達し、鄭氏政権の末期には二十余万人に膨れ上がった。

移住民の増加は、清に脅威を与えた。ついに清は遷界令という隔離政策を取り、大陸沿岸の住民を海岸から三十里（一里は約五七六メートル）の奥地へ移し、渡航を禁止して、台湾への密航を防いだ。しかし、禁止令は逆効果になり、密航者は後を絶たなかった。そこで、清は鄭氏政権の征服を企てた。

清の聖祖の康熙二十二年（一六八三）六月十四日、水師提督施琅《しろう》（一六二一—一六九六）は、三万の兵を率いて澎湖島へ進撃した。鄭成功の孫鄭克塽《ていこくそう》は敗れ、清は難なく台湾の支配権を得た。鄭氏政権による台湾の領有期間は二十三年であった。

清の統治　一六八四年、清は福建省の管轄下に台湾府を設け、台湾（台南）・鳳山・諸羅の三県に分けて治めた。そして、一八七四年まで移住民に厳しく規制を加えた。

移住民に対する制限にもかかわらず、台湾の人口は増え続けた。仁宗の嘉慶十六年（一八一一）には二百万人余りを数え、徳宗の光緒十九年（一八九三）には二百五十四万人に達した。

二百余年間（一六八三—一八九五）清朝統治下にあった台湾では、腐敗政治への反発から反乱が絶えなかった。「三年に一回の小反乱、五年に一回の大反乱」と揶揄されるほど頻繁に反乱が起こった。

光緒十年（一八八四）の清仏戦争で、フランスの艦隊は台湾北部に進攻し、澎湖島を占拠した。清は、改めて台湾の重要性を知った。そこで、台湾を福建省から分離し、福建台湾省として独立した省に昇格させ、初代の巡撫（政務や軍務を司る長官）に劉銘伝《りゅうめいでん》（一八三六—一八九五）を任命した。劉銘伝は台湾建設に努め、数年間にかなりの実績を上げたが、挫折して辞任に追い込まれた。

二代目の巡撫には布政使（巡撫の下で民政・財政を司る官）の邵友濂《しょうゆうれん》が登用された。日清戦争が起こると、邵友濂は巡撫を辞し、唐景崧《とうけいすう》（一八四一—一九〇三）が後を継いだ。

日清戦争で清は敗北した。一八九五年三月十九日、清の李鴻章《りこうしょう》（一八二三—一九〇一）・李経方《りけいほう》（一八五五—一九三四）全権一行は、講和のため下関に赴いた。日本側全権代表は、首相の伊藤博文と外相の陸奥宗光、それに米国人顧問のデニソンであった。翌日、下関の春帆楼で、双方は全権委任状を交わし、第一回の会談に入った。

李鴻章は、停戦協定から討議するように求めたが、日本側が苛酷な停戦条件を提示したため、会談は行き詰まった。第二回、第三回と会談を重ねたが、交渉は平行線を辿った。三月二十四日の第三回会談後、李鴻章が日本人の暴漢に襲われて負傷した。国際世論の非難を恐れた日本は譲歩し、三月三十日停戦の要求に応じた。

四月一日、日本側全権は李鴻章に講和条約の草案を手渡した。それは十一カ条からなる苛酷なものであった。内容には、清が朝鮮の独立を認めること、清は日本に賠償金三億両《テール》を支払い、通商上の特権を認めること、更に、遼東半島と台湾を日本に割譲することが含まれていた。

四月五日、李鴻章は日本の草案に対し折衝を行なった。李は朝鮮の独立は認めたが、賠償金や通商上の特権や領土の割譲などの条項に対しては、異議を申し立てた。清の歳入は八千万両で、賠償額はあまりにも大きかった。

四月十日、双方の全権は第四回の会談を行なった。日本側の案は、賠償金を三億両から二億両に減らしたほかは原案どおりであった。そして日本側は、この条項は最終的なもので、後は清の承諾を待つだけだと述べ、もし会談が決裂した場合、清の全権の帰国は保証できないと脅迫した。

四月十七日、日清講和条約は日本全権の威圧の下に調印された。その要点は次のようなものであった。

一、清国は朝鮮を独立国として認める。

二、清国は遼東半島・台湾・澎湖諸島を日本に割譲する。

三、清国は日本に賠償金を二億両（三億円）支払う。

四、清国は沙市・重慶・蘇州・杭州を開放し、通商都市とする。

五、清国は欧米諸国が清に持っている通商上の特権を日本にも認める。

日本の遼東半島領有は、ロシアにとって脅威であった。ロシアが清を分割する前に、日本に先手を取られたのである。ロシアはフランスやドイツと連合して、日本に遼東半島の放棄を求めた。四月二十三日、露・独・仏の三国の駐日公使が、外務省へ遼東半島の領有権を放棄するように勧告してきた。三国干渉が始まると同時に、露・独・仏の三国の東洋艦隊が日本近海に現れた。

日本は、三国干渉への回答を延ばす一方、英・米・伊の後援を得て、三国を牽制する方策を取った。米国は三国干渉に反対しない代わりに、清へ条約批准の早期実現を促し、頼りにしていた英国も拒んだため、局面の打開は見られなかった。

清は三国干渉を口実に、講和条約の批准書交換の延期を提議してきた。五月四日、日本政府はやむなく遼東半島の放棄を決め、翌日三国に通告した。講和条約の批准書交換は、五月八日煙台市（芝罘《チーフー》）で行なわれた。

十一月八日、日清両国は遼東半島還付条約に調印し、その代償として日本は庫平銀三千万両（四千五百万円）を得た。この三国干渉は、列強が清を分割する糸口となった。

日清戦争で勝利を得た日本は、権益を独り占めにしようとしたが、欧米の列強が背後で分け前を狙っていた。

一八九八年三月、ドイツ軍が膠州湾を占領したのを契機に、列強は清を半植民地化する分割競争に乗り出した。三月にロシアは遼東半島を租借し、六月には東清鉄道の南満支線の敷設権を得た。英国は威海衛の租借権を取得した。このように、僅か数年で列強は租借地を奪取し、勢力圏を分け合い、権益を争って清の領土を分割してしまった。

台湾の割譲　日清講和条約の会談が間近になると、台湾を日本に割譲するという噂が流れた。両江総督兼南洋大臣張之洞《ちょうしどう》（一八三七―一九〇九）や唐景崧は、清の朝廷に台湾割譲に反対する意見を上奏した。

講和条約調印後、進士（科挙の最終段階の殿試に及第した者）の邱逢甲《きゅうほうこう》（一八六四―一九一二）らの台湾の有識者は、唐景崧に対日抗戦を強行するように提議した。そして、台湾人代表の名義で清の高官宛に電文を送った。内容は、台湾独立を主張し、抗戦を決意するというものであった。

そこで、清の朝廷は唐景崧の巡撫の官職を解き、配下の文武官員に大陸へ引き揚げるように命じた。

李経方が台湾へ派遣され、日本側と台湾譲渡の手続きを行なうことが伝わり、台湾人代表は台湾民主国の成立を急いだ。台湾民主国の構想は、表向き張之洞とは関係なかったが、張は密かに武器を台湾へ運ぶよう配下に指示した。

五月二十五日、台湾の官吏や代表は台湾民主国の樹立を宣言した。唐景崧が総統に選ばれ、邱逢甲が副総統に任命された。そして、各省の高官に打電したが、国際的には認められなかった。

総統に就任した唐景崧は、台湾の文武官員に二日の期限を与え、その進退を明らかにするように命じた。布政使顧肇熙《こちようき》をはじめ、文武官員のほとんどは大陸へ引き揚げた。

唐景崧は、広東から募った兵士を北部に駐留させた。林朝棟《りんちようとう》の部隊と邱逢甲の義勇軍は台中へ、劉永福《りゆうえいふく》（一八三七―一九一七）の率いる黒旗軍は台南に駐留した。抗日軍の兵力は、傭兵と義勇軍で編成された。

台湾民主国の樹立に先立ち、島民の抗戦で外国の干渉を招くことを恐れた日本政府は、台湾の接収を急いだ。

五月二十七日、台湾総督に任命された樺山資紀は、横浜丸に乗って沖縄の中城湾で近衛師団と合流し、台湾へ向かった。二十九日、日本軍は三貂湾の澳底に上陸したが、駐留していた抗日軍は抵抗せずに退散した。日本軍は更に前進し、三十一日に初めて抗日軍と交戦し、六月二日には瑞芳を占拠した。

島民の憤激を恐れた李経方は上陸せず、日本政府に海上で台湾授受の手続きを行なうよう申し入れた。その日のうちに、三貂角の沖合に停泊中の横浜丸で調印が行なわれ、台湾は日本の領有となったのである。

六月三日、日本軍は瑞芳から進撃して、基隆を陥落させた。北部の清軍は大陸へ撤退するため、淡水一帯に集まり、略奪や暴行が起こった。樺山総督は、これらの敗残兵を大陸へ送還した。台北城は、恐怖の街と化した。豪商は自らの安全と権益を守るため、辜顕栄《こけんえい》（一八六六－一九四二）を立てて日本軍の台北入城を導いた。六月七日、辜顕栄は汐止へ赴き、日本軍を無事に入城させた。

林朝棟と邱逢甲は、台北の戦況の不利を察知し、大陸へ逃亡した。義勇軍の一部は、苗栗や新竹の民衆と合流して、台北奪還を図ろうとしたが失敗に終わった。

六月十七日、樺山資紀台湾総督は台北で始政式を挙げたが、その後も台湾抗日軍の抵抗は続いた。

七月二十九日、台北を占拠した近衛師団は南へ向かい、新竹に入ったが、熾烈な抗日軍の抵抗に遭い、南進するのに約二カ月かかった。八月十四日に苗栗の義勇軍を破って南進し、二十六日に台中を占領した。翌日、近衛師団は彰化城へ入ったが、八卦山の抗日軍は激しい抵抗を繰り広げた。

十月五日、近衛師団は雲林一帯の義勇軍を退散させた。九日に日本軍が嘉義に進攻したとき、劉永福の黒旗軍はまだ二万の兵力を保っていたが、南部各地で義勇軍が戦っている最中の十九日夜、劉永福は廈門《アモイ》へ脱出した。二十一日、乃木希典の率いる第二師団が台南城へ入った。二十八日、近衛師団長の北白川宮能久親王はマラリアのために台南で没した。

十一月十八日、日本軍は漸く台湾を平定した。約五カ月間の抗日戦で犠牲になった者は一万余人、負傷者の数は定かでない。日本軍の死傷者は千人足らずであった。

統治確立後も長期にわたって反乱が続いた。

一九一五年、神託によって「大明慈悲国《だいめいじひこく》」を建設し、自らをその皇帝と称する余清芳《よせいほう》が、台南の西来庵《せいらいあん》を中心に祭礼・説教をしながら信者を集めた。一方、元抗日派の首領の江定《こうてい》・羅俊《らしゅん》ら数百名が余清芳らと結託し、武装蜂起を企てた。計画は未然に発覚し、余清芳らは六甲山中に立て籠もって抵抗したが、翌年五月に鎮圧された。これを西来庵事件という。この事件を最後に、台湾に近代的な教育や産業が発展したこともあり、抵抗運動の形態が変わってきた。二十年近い日本の統治によって、台湾の武力抗争はなくなった。そして、一九一八年に米大統領ウィルソンが唱えた民族自決の理念と、社会主義思想の影響で民族運動が起こった。

二、日本軍の台北入城——台湾総督府の功臣、辜顕栄

無血入城　辜顕栄は字《あざな》を耀星《ようせい》といい、清の文宗の同治五年（一八六六）二月二日、台湾の鹿港（一説には下虎）に生まれ、翌年に父辜琴《こきん》を亡くした。七歳から十二年間、進士黄玉書《こうぎょくしょ》に漢学の経典を学んだ。

二十歳から商いに励み、上海・天津・寧波《ニンボー》・福州・香港を往き来したが、あまり繁盛しなかった。二十五歳のとき陳笑《ちんしょう》と結婚した。その後、万華で合同棧商行を営む同郷の者に雇われ、平凡な日々を過ごしていた。

一八九五年、日清講和条約で台湾の政局が混乱し、人々は恐れ戦《おのの》いていた。六月に、樺山資紀総督が李経方と領有手続きを交わし、台湾は名実ともに日本の支配下となった。

日本軍の上陸後、抗日軍との交戦が絶えなかった。台湾の北部で清軍が敗れると、台北城内は無政府状態となり、城外には日本軍が控えていた。乱に乗じて盗賊が蔓延《はびこ》り、清の敗残兵の略奪で台北城内は混乱を極めた。

このとき、李春生《りしゅんせい》や白隆発《はくりゅうはつ》らは万華の竜山寺に集まって協議し、安全と権益を守るため、日

本軍に入城させて、戦乱の鎮圧を委ねることに決めた。上申書は書き上げたが、日本軍に呈上する者がいなかった。そこで、その年の五月に上海から戻ってきていた辜顕栄が一役買って出て、汐止まで出向き、日本軍を迎えた。上申書の大意は次のようなものであった。

「台北の文武官員はすべて脱走し、一兵も残っておりません。盗賊が蜂起し、巡撫の官邸を焼き払い、意のままに略奪しています」

こうした状況を訴え、火急に入城し、混乱を鎮圧してくれるよう願い出たのである。当時、互いに言葉が通じなかったため、日本軍には辜顕栄の来意がわからず、初めはスパイだと誤解した。民政局長官水野遵が応対して詳しく尋ねたところ、日本軍を迎えに来たことがわかったのである。

汐止と松山の間の道路は、鉄道の線路で枕木と石塊が露出しており、行軍が困難であった。しかも、抗日軍が途中で待ち伏せしているうえに、抗日軍の情勢を予測できなかった。幸い辜顕栄が道順をよく知り、抗日軍の動きを把握していたので、無事に日本軍を台北へ案内することができた。

その年の七月、辜顕栄は樺山総督の命で、北白川宮能久親王の率いる近衛師団に従って、抗日軍鎮圧のために南進した。斗六を攻略したさい、日本軍は辜顕栄に鹿港へ帰って兵糧にする米穀を買いつけるよう命じた。鹿港の倉庫には十分な貯えがあったが、辜顕栄は一升たりとも売ってもらえなかった。民衆の反日感情が強かったのである。

十二月、辜顕栄は水野民政局長官に伴われて東京へ赴き、功労を称えられて勲六等を受けた。

辜顕栄が政治に関わるようになったのは、このときから始まった。

翌年一月、抗日派の柯鉄《かてつ》、簡義《かんぎ》らが雲林事件を起こし、大坪頂を鉄国山と改称して抗日基地を構えた。水野民政局長官の命で東京から鹿港へ帰った辜顕栄は、千人の別動隊を組織して抗日派の討伐に当たった。

六月三十日、柯鉄らは日本軍に平定された斗六を奪回した。七月八日、簡義の部下劉獅《りゅうし》と楊《よう》勝《しょう》が率いる抗日軍三百人が鹿港を攻め、日本軍の兵営に火を点けた。別動隊の一部が、前線で矛先を変えたので日本軍は大敗した。それで、辜顕栄は敵に通じていると日本軍に疑われ、信用を失った。疑いを晴らすため、辜顕栄は抗日派の首領に投降を勧めた。ついに簡義が説得に応じて下山し、日本軍に降伏した。

八月六日、辜顕栄は幾多の功労が認められ、台北保良局長に登用された。これは良民を保全する職務である。

一八九八年、抗日軍の抵抗を制圧するため、辜顕栄は新任の民政局長官後藤新平に保甲制度の導入を進言した。献策は受け入れられて、八月三十一日に保甲制度が制定され、治安が整った。この制度はもともと、清国で実施されていたものである。つまり、十戸を一甲、十甲を一保とし、保ごとに保正、甲ごとに甲長を置いて各自に責任を持たせ、住民の相互監視と密告を行なわせ、自治と警備を図る制度であった。

保甲ごとに住民は連帯の責任を負わされ、協力して抗日派を告発しなければならなかった。日本軍は十七歳から五十歳までの男性を集めて壮丁団を組織し、武器を与えて抗日派の討伐を指揮した。台北保甲局の設立と同時に辜顕栄は総局長に就き、五百梃の銃と十万発の弾丸を与えられた。

後になると、この連帯責任を負わされる悪法を批判する声が高まった。一九二一年一月十日、線西区長に任じられた黄呈聡《こうていそう》は、彰化郡の五人の街庄長を伴って、第八代総督田健治郎に保甲制度の撤廃を要求した。

この果敢な行動のため、黄呈聡の家族に累が及び、官憲の弾圧に耐えかねた黄家一族は福建省漳州市へ移り住んだ。黄呈聡は区長の職を辞して台湾に残り、徹底的に抵抗を続けたが、太平洋戦争が終結するまで台湾では保甲制度が実施された。

総督府は弾圧を強化するため、一八九八年十一月に匪徒刑罰令を布き、官憲に抵抗する動きがあれば、未遂でも死刑に処した。

優れた経営手腕　一八九六年、辜顕栄は英源茶行を買い取って大和行と改めた。鹿港に本店を設け、台北に支店を置いた。その後、新竹・苗栗・台中・彰化に進出し、東京日本橋にも支店を設けて、食塩や樟脳などの台湾特産品を販売した。

事業の拡大と海運の便を改善するため、英国から貨客船大義丸を買い入れて、万華と鹿港を往復させた。途中の港に寄港し、貨客を運んで利益を上げていた。

特に三千円の私財を投じて、新竹から一キロメートル離れた旧港の岸壁や防波堤を修築し、樟脳の輸出を容易にした。これにより、樟脳を満載した大義丸は時価の三倍の利益を上げるほどであった。辜顕栄は非凡な経営手腕を振るい、翌年の五月四日、総督府から紳章（学識や名望のある者に授けられる記章）を授与された。

第四代総督児玉源太郎は製糖業の将来性に着眼し、一八九九年十一月に台南で産業共進会を主催して、大規模な製糖会社設立を推し進めた。日本の財閥が資本金を提供し、甘蔗の生産を島民に委ねれば、日本国内の数倍の利潤が上がるというのである。

しかし、旧式の製糖法を改めないかぎり、生産の向上は望めない。何回も会議を重ねたが、土着の製糖業者は近代化に意欲を示さなかった。一九〇二年、製糖業の振興と業者を保護するために、総督府は台湾製糖業奨励規則を定めた。

辜顕栄は独自に経営に乗り出し、二林に続いて鹿港の荒地を開墾して甘蔗畑を作った。三十万円の資本を投入して、四カ所の製糖工場と製糖機械・器具の工場を設けた。全盛期には、十八カ所の工場を持つようになり、一つの工場の生産量が八十トンから百二十トンに達した。

このころから日本国内の企業は、製糖業の利潤が高いのに目をつけ、競って台湾に進出した。元老の井上馨を後ろ楯に、三井財閥、鈴木商店などの少数の大企業が同業組合を作って市場を独占した。

辜顕栄は製糖業に精魂を傾け、一九二〇年に七百五十万円を費やして大和製糖株式会社を創り上げた。しかし、総督府に優遇されている辜顕栄でさえ、日本国内の企業の進出には敵《かな》わなかった。辜顕栄は斗六と五間厝の工場を大日本製糖に譲り、嘉義と水窟頭の工場は東洋製糖に吸収され、台中と渓頭の工場は明治製糖に合併され、一九二一年五月には、大和製糖も明治製糖と合併した。このことから日本国内の企業がいかに台湾経済を支配していたかがわかる。

辜顕栄は数々の褒章を受け、官塩の販売、アヘン煙膏卸、台中タバコ卸などの専売の特権を与えられた。中でも鹿港で開発した塩田は、台湾の全塩田の三分の二以上を占めていた。また、不動産業や商事会社を経営し、一九三五年に創立した台湾合同鳳梨《ハイナツフル》株式会社はよく知られている。

経済活動が順調に伸びるほど、白眼視されることも多くなった。それを懸念した辜顕栄は、福祉や教育の振興にも力を注いだ。一九一五年、三万円を寄付して公立中学校（後の台中一中）の建設資金に当てた（三六頁参照）。後に、台中一中で教育を受けた者の中から、政治運動に走る者が多く出たことを、辜顕栄は予想もしなかったであろう。

一九二〇年には四万円を喜捨して竜山寺を再建し、台南図書館の建築に三万円を贈った。一九二五年、台北孔子廟の建築に五万円を寄進した。

太平の犬　日本領有期間の台湾人の抵抗運動は、一九一四年を境に前後二つの時期に分けることができる。前期は劉永福・柯鉄・羅福星《らふくせい》らの武力抗争であり、後期は文化の啓蒙と政治運動の時期である。

一九二一年以降、林献堂《りんけんどう》（一八八一―一九五六）・蔣渭水《しょういすい》（一八九一―一九三一）らの知識人が文化の啓蒙を繰り広げた。近代的知識を持った青年が、刊行物や講演会、新聞などを通じて民衆を導き、民主化のための知識を広めた。林献堂らは『台湾民報』を発刊し、台湾議会設置請願団、台湾文化協会を結成してさまざまな政治運動を展開した。特に、台湾文化協会の会員は方々で講演を行ない、熱烈な支持を受けた。

辜顕栄は、一九二一年六月一日に第一回台湾総督府評議会会員に任命され、一九二三年四月十六日には勲三等瑞宝章を受けた。第三回の台湾議会設置請願の後、東京から台湾に戻った蔣渭水らは、島内の各地で文化協会講演会を開いた。総督府は弾圧に乗り出す一方、辜顕栄を担ぎ出して運動の切り崩しを図った。

六月二十二日から二日間、黄呈聡が台中市公会堂で政治運動の講演会を催した。翌日、同じ会場で辜顕栄は政治運動に対抗する時事講演会を行ない、清から日本への割譲当時の混乱した社会情勢を述べ、局面を切り開いた総督の徳政を褒め称えた。そして、自ら日本軍を出迎えて無事に台北へ入城させた経緯や、従軍したときの手柄話を吹聴した。更に台湾が大陸に比べて、いかに安定した生活を送っているかについて述べ、演説の中で、「我々はむしろ太平の犬となっても、乱世の民になりたくない」と言った。この言葉は聴衆の反発を買い、罵声を浴びた。

台湾文化協会や台湾議会期成同盟に対抗するため、辜顕栄は公益会を結成した。李延禧《りえんき》・許《きょ》丙《へい》・鄭肇基《ていちょうき》・呉子瑜《ごしゅ》・許廷光《きょていこう》・呉昌才《ごしょうさい》・余逢時《よほうじ》らを集め、辜顕栄は自ら会長になり、副会長に林熊徴《りんゆうちょう》を任じた。一九二三年十一月八日、台北市で千六百五十人の聴衆を前に、講演を行なった。

翌年六月二十七日、公益会は台北市で有力者大会を開いた。席上で辜顕栄は台湾文化協会を批判し、台湾議会期成同盟の請願運動を阻止する旨を宣言すると、その宣言を、東京に出張中の第九代総督内田嘉吉・総務長官賀来佐賀太郎に呈上して忠誠を誓った。そのため、島民を憤激させ、各地で反発の声が上がった。

林献堂・林幼春《りんようしゅん》（一八八〇―一九三九）らは、台北・台中・台南で全島無力者大会を開いて公益会を排斥し、辜顕栄らを非難して、彼らのことを民意を捏造して自己の行為を正当化し、島民の進歩を妨げ、国政を誤らせて民を害する国賊であると罵った。

十二月二十四日、辜顕栄は福建省の大儒辜鴻銘《ここうめい》を招いて、孔孟の学について講演させ、資金を集めて、大竜峒に孔子廟を建立し、文化遺産の保存に努めた。

一九三三年十一月、中国で反蒋介石《しょうかいせき》の政変が起きた。十九路軍の蒋光鼐《しょうこうだい》（一八八七―一九六七）・蔡廷鍇《さいていかい》（一八九二―一九六八）・李済深《りさいしん》（一八八五―一九五九）・陳銘枢《ちんめいすう》（一八八九―一九六五）らが福州で中華共和国人民革命政府を樹立して、国民政府に対抗したのである。

反乱軍が日本軍と結託するのを恐れた蒋介石は、辜顕栄を通じて日本政府に介入しないよう頼んだ。辜顕栄の周旋により日本軍は十九路軍と連繋しなかったので、国民政府は不安定な局面を乗り切った。

この政変の最中の十二月に、陳銘枢から辜顕栄宛に書簡が届いた。その中の一節を挙げよう。

「最も望まれるのは、新政府をもって蒋政権を倒すことです。中国の主権を手中に収め、日中親善の下に、中国の資源を開拓するのです。そして両国の人々の幸福を増進しましょう」

政変平定の功労によって、台湾の中国復帰後も辜家の安泰は保たれたのである。

一九三四年七月三日、辜顕栄は貴族院議員に勅任され、十一月二十七日に臨時帝国議会に出席するため東京へ赴いた。十二月十一日に中国を訪れ、蔣介石などの要人と日中親善問題について討論した。

一九三七年七月二十五日、帝国議会に出席するため、辜顕栄は基隆から汽船に乗って東京へ向かった。九月に病で倒れ療養していたが、十二月九日東京で客死した。通夜は世田谷の別邸でしめやかに行なわれ、多くの弔問客が訪れ、斎場は供花に埋まった。生前の功績によって、従五位勲三等を追賜された。

十二月十三日午後二時より、東京の青山斎場で辜顕栄の告別式が執り行なわれた。近衛文麿総理をはじめ、大谷尊由拓務大臣・小林躋造台湾総督、その他政財界の要人の弔辞が続いた。焼香客が列をなし、高木葬儀委員長の挨拶をもって式を終えた。

その夜、辜顕栄の霊柩は遺族に護られて故郷へ帰ることになった。午後八時三十分発の汽車で東京を離れ、翌十四日、午前七時四十三分神戸駅に到着した。正午、神戸港から大和丸で一路台湾へ向かった。そして、十七日午後十一時三十分、遺体は鹿港の本邸に到着した。

台湾における本葬は、二十九日鹿港女子公学校（小学校）で盛大に行なわれ、数百の弔電が披露された。鹿港街の沿道に、数万の群衆が堵列して見守る中を、霊柩は彰化市大字快官の墓地に運ばれ埋葬された。

乱世の大物は、元来毀誉褒貶《きよほうへん》され易い。辜顕栄を漢奸と見做す者もいれば、功労者と称える者もいる。評価は人によって違うので、読者の判断に委ねるしかない。

三、日本統治下の法曹界——台湾初の法学博士、葉清耀

苦難の時代　葉清耀《しようせいよう》は清の仁宗の嘉慶五年（一八八〇）、台湾の東勢に生まれた。父親が早く亡くなったので、母親は農業をしながら彼を育て上げた。東勢公学校に通うころから、葉清耀は夜遅くまで母親の手伝いをしていた。それでも、学校の成績は人に負けず、特に作文が得意であった。

公学校を卒業した後、葉清耀は貧困のために進学を断念し、長兄陳葉烈《ちんしようれつ》（母の姓を継いでいた）に従って樟脳油の採取を手伝った。恩師は成績の優秀な葉清耀を惜しんで、長兄に進学させるよう勧めた。長兄は弟もそれを望んでいるのを知り、学資の援助を快く了承した。

葉清耀は周囲の期待に応えて、台中師範学校に進んだ。卒業後は埧雅《ぐが》公学校で数年間教鞭を執ったが、台中地方法院（裁判所）に転職して書記官や通訳を務めた。下級官吏では昇進が望めないので、葉清耀は職を辞して、東京の明治大学法学部に入学した。

学資と生活費を作るために豚の脂身を買い集め、煮詰めて豚脂《ラード》に加工し、台湾へ送って売り捌いた。日本人はあまり豚脂を使わないが、台湾では調理によく用いるので需要が多かったのであ

る。

当時、高等試験司法科試験は台湾人の受験を認めていなかった。葉清耀はこれを不服として、友人と連名で上書を試みた。友人は途中で諦めたが、葉清耀は単独で司法大臣に会見を求め、請願書を手渡して、受験資格の不公平さを理路整然と訴えた。ついに、訴えが認められ、台湾人も受験資格を得ることができた。

葉清耀は一九一八年に高等試験司法科試験に合格し、弁護士になった。この朗報が郷里の東勢に伝わると、人々は銅鑼《どら》や太鼓を打ち、爆竹を鳴らして祝った。二年後、葉清耀は台北に戻り、弁護士として活躍し始めた。

治警事件　一九二三年十二月十六日、総督府警務局が台湾議会設置請願運動の関係者を検挙したことから、騒動が起こった。召喚や取り調べを受けた者は九十九人に達し、このうちの四十九人が拘留された。六日後、蔣渭水・蔡培火《さいばいか》（一八八九―一九八三）・蔡恵如《さいけいじょ》・林幼春ら二十九人が、治安警察法違反の容疑で台北地方法院検察局に送致された。

翌年一月七日、蔣渭水ら十七人の被告に対して、三好一八検察官は予審を請求し、六時間にわたって論告を行なった。その要旨は次のようなものであった。

「本件で犯罪が成立する理由は、至って単純である。それは、既に結社の禁止命令を受けていながら、解散せずに活動を継続し、また禁止されていると知りながら、結社に加入していることである。犯罪の構成は簡単であるが、状況には論議すべき点が甚だ多い。被告は民族自決、自由平等を叫んでいるが、民衆運動を起こして権利を主張する前に、自己の立場を慎重に考えねばならない。

台湾議会設置期成同盟の会員は、最年長者でも三十歳前後、ほかの者は二十歳前後で、ちょうど書生生活を終えたばかりの年代である。

被告が同化政策に反対し、内地延長主義（日本本国の法律を台湾にも適用する考え方）を排斥して、日本国民になりたくないというなら、台湾を去るより道はないであろう」

検察官は、延々と数千言を費やし、厳しい口調で被告の政治運動を批判した。裁判長堀田真猿さえ、検察側弁論の内容は政治論議であり、ほとんど犯罪には関係ない、と漏らしたほどで、この裁判がいかに政治的色彩が強いものであったかが窺い知れる。世間では、これを治警事件と称した（四〇頁参照）。

渡辺暢・若井孝太郎・長尾景徳・渡部弥億・国原賢徳・永山章次・有岸周・葉清耀らがこの事件の弁護団であった。葉清耀は、法廷で次のような弁論を行なった。

「検察官は、台湾議会設置請願は危険思想で、社会の安寧と秩序を攪乱しているという。この見方は完全に誤りである。被告は、社会秩序を破壊したわけではなく、政府を顚覆したのでもない。憲法に基づく請願権を行使したにすぎない。また、独立を企てているというのは妄断である。台湾には独立できるだけの経済力もなく、武器もない。自分の厨房にある包丁を持っているだけで、外国の援助もないのに、どうして独立することなどできようか」

葉清耀は引き続いて、台湾の統治方針に言及し、台湾総督の論告を読み上げた後、検察官の起訴理由に対して次のように反論した。

「当局は請願を目的とする結社を禁止しているが、これは人民の請願権を剝奪するものである。しかも検察官が、『禁止命令の制限は、将来にまで効力がある』というのは誤りである。禁止命令は一種の行政処分で、特定の人に対する処分にすぎないが、将来にまで効力があってはならない」

葉清耀は、その弁論で被告を罪から免れさせただけでなく、島民の叫びを法廷で訴えたのである。

葉清耀の正義に溢れた弁舌の評判を聞いて、台湾中部からの依頼者も日ごとに増えてきた。依頼の需要に応じて、台中に支所を設けたが、後に中部の業務が繁忙になり、故郷に寄与する意味もあって、台北の事務所を閉鎖して台中で開業するようになった。ある事件で、原告側は日本から敏腕弁護士として名の高い花井卓蔵を招いた。これに対して、葉清耀は証拠を集めて法廷に立ち、原告を敗訴に追い込んで法曹界を揺るがせた。

葉清耀の信望の厚さに鑑み、総督府は彼を台中州議会議員に任じた。公職に就いてからも、葉清耀は公平な立場で人々のために弁舌を振るった。

ある教育予算の審議に際して、二次化教育予算制度に不満を持った葉清耀は、当局を厳しく追求した。つまり、日本人が通う小学校と、台湾人が通う公学校の予算額の差が大きかったので、台湾人の初等教育に当てる予算を増やしてほしいと申し立てて、認められたのである。

地方自治連盟　地方自治制度を促進するため、一九三〇年七月二十八日に台湾地方自治連盟は、政治結社の認可を願い出た。八月十七日、台中でその創立大会が開催され（一三〇頁参照）、葉清耀は理事に選ばれた。翌年一月五日、台湾地方自治連盟は第三回理事会を開いた。葉清耀が起草した台湾地方自治改革案について審議を行なった後、楊肇嘉《ようちようか》が東京に赴き、衆議院と貴族院にこの改革案を提出したが、採択されなかった。

一九三一年、台湾民衆党が当局の弾圧の下で解散させられた後、台湾地方自治連盟は台湾で唯一の合法的な政治結社となった。本来は、地方自治以外の政治問題を扱わないのが台湾地方自治連盟の建前であったが、民衆の要望に応えて、島内で起きた政治的経済的問題まで担当せざるをえなくなった。したがって、民衆が地方自治連盟に寄せる期待は、ことのほか大きかった。

一九三二年八月十日、葉清耀は「刑法同意論」と題した論文で、明治大学から法学博士の学位を受けた。台湾では初めての法学博士である。六百五頁に及ぶ学位論文は、翌年六月五日東京の有斐閣から出版された。文部大臣鳩山一郎が題字を書き、元総督府総務長官下村宏が序文を寄せた。

郷里の東勢では、公会堂で祝賀会が催された。有志が集まって、葉清耀に有名な書家劉《りゆう》暁邨《ぎようそん》筆の「望重天朝」と題された扁額を贈った。

一方、このころ地方自治連盟は、台湾民衆党がなし遂げられなかったことを継承して、積極的に総督府に立ち向かったがあまり効果は上がらなかった。台中支部から地方自治連盟改組案が提出されたが、内部から過激なことは避けたほうがよいという意見が出た。そのため、改組案は第二回の大会で否決され、会員の間に不満が残り、気まずい雰囲気が漂った。

暫くして、総督府が地方制度改革案の大綱を新聞で公にした。しかし、地方自治連盟の改革案とは内容に大きな開きがあった。当局が発表した改革案が実施されれば、地方自治連盟のこれまでの努力は徒労に終わってしまう。そうなっては民衆に顔向けができないので、会員が集まって対策を練ったが、もはや法律を論じている段階ではなかった。そこで、葉清耀は世論を喚起して政府案と対決するため、次のように提案した。

一、民衆の自治に対する意識を培い、政府案の欠点を理解してもらう。そのため、パンフレットを刊行すると同時に、幹部を各地に派遣して講習会を開く。それによって、民衆の意見をまとめて当局に伝え、民意に沿った改革案を作らせる。

二、万一、当局が講習会の開催を許さなければ、新聞を利用して広く世論に訴える。一貫した主張で民衆を啓発する。

三、台中・台南・台北で、台湾人と日本人の合同住民大会を開いて、世論を喚起する。

四、八月中旬に会員が東京へ赴き、伊沢多喜男・上山満之進らの台湾に関係の深い日本人に支援を求め、政界の自治制度反対論者に働きかけてもらう。また、東京で台湾自治制度改革問題の講演会を開催すると同時に、新聞を通じて賛同者に意見を発表させて、世論を有利に導く。

葉清耀は、法学博士の学位を受けたばかりで声望が高く、これらの提案は直ちに受け入れられた。

一九三三年七月二十三日、地方自治促進に向けて、九百五十人の住民が台中市の楽舞台に集まった。会場に掲げられたスローガンを二、三挙げてみよう。

「差別のない普通選挙を要求し、すべて民選による議決機関を獲得しよう」

「改革の曙は見えた。総督の公約は一言の重みが九鼎に比す。だが実施の期日が不明で、島民の心中は一日千秋の思い」

「機会均等は、融和への唯一の近道。差別撤廃は、親善への無二の方法」

しかし、これらを見た警官は、聴衆の心理を混乱させると言ってスローガンを下ろさせた。

大会では楊肇嘉が議長に、葉清耀ら五人が決議文審査委員に選ばれ、次のような檄文が発表された。

一、我々は日本帝国の憲法に抵触しない範囲内で、州・市・街・庄を通して民選された議員で組織する議決機関の台湾における確立を、即時断行することを要求する。

二、右の我々の要求に対して汚蔑《おべつ》し、邪説を流布して当局の改革断行を牽制する者は、国憲を無視する非国民と認め、大いにこれを膺懲《ようちょう》する。また、当局へ時勢に逆行する改革をしないように進言する。

大会後、葉清耀は政治講演会で演説した。それは「台湾の完全な統治を求めるには、台湾地方自治連盟の主張が官民ともに容認されなければならない」という内容で、警官はたびたび演説の中止を命じた。

七月二十六日に台南市公会堂で五百三十人が参加して南部大会が、三十日に台北市の蓬莱閣で四百人が参加して北部大会が開かれた。総督府は、時局を批判する言論を取り締まり、終始干渉を加えた。

台湾地方自治連盟は、弾圧を受けて大きな打撃を受けた。当局は非常時を理由に、地方制度改革案の実施を反古にしようとしていたが、それでは今までの努力が水の泡になるばかりでなく、世論の叱責を受ける。いかに対処すればよいかが地方自治連盟で討議された。

朝鮮は台湾と同じ植民地でありながら、既に地方自治制度が実施されていた。そこで、一九三三年八月二十六日の理事会で、朝鮮の実情を視察して、台湾の改革の参考にしようという案が出た。討議の結果、楊肇嘉、葉清耀、葉栄鐘《しようえいしよう》の三人が行くことになった。

一行は十月七日釜山に着き、車や汽車を乗り継いで、日夜歴訪の旅を続けた。疲労が重なり、葉清耀は新義州で脳溢血のために倒れた。息子葉作楽《しようさくらく》が朝鮮へ赴いて看病していたが、病状が重いので台湾に連れて帰った。療養を続けた結果、漸く小康を得た。

そのころから時局は日ごとに厳しくなり、民族運動は弾圧され、衰退の一途を辿った。葉清耀は体調が思わしくないため、山中に隠遁した。米軍の空襲の下で食糧と医薬品が欠乏し、体は日増しに衰えていった。一九四二年、肝臓を患った葉清耀は六十四歳で死去した。

台湾民族運動史上において、葉清耀の名が目立つことは少ないが、深く広い法学の素養で郷里の人々に尽くした。法律で法律を論じて抗争し、法律と政治上の平等を勝ち取ろうと努めた。強権の下では、葉清耀の叫びは微弱で、その抗議も力が及ばなかった。歴史の波は、民族運動の事蹟を跡形もなく押し流してしまった。だが、台湾における法学博士第一号であるという事実は、揺るぎない地位を占めている。

四、台湾民族運動の芽生え――政治運動のリーダー、林献堂

生い立ち

林家は、近代台湾の名だたる豪族であった。初代林石《りんせき》（一七二九―一七八八）は清の高宗の乾隆十九年（一七五四）、福建省平和県から台湾に渡り、彰化大里杙《よく》庄に入植した。二代目林遜《りんそん》は、二人の子供林瓊瑤《りんけいよう》・林甲寅《りんこういん》（一七八二―一八三九）を残して若死にした。三代目林甲寅は同族の林爽文《りんそうぶん》の反乱（一七八六）の累が及んだため阿罩霧《あとうむ》（霧峰）へ逃れ、その地を開墾して富豪になった。

四代目林定邦《りんていほう》（一八〇八―一八四八）は僧徒に殺害されたが、息子林文察《りんぶんさつ》（一八二八―一八六四）は父の仇討ちを果たした武勇の誉れ高い人物であった。彼は振威将軍・福建水陸提督を務め、台湾北部の内乱を平定した。更に、兵を率いて大陸で太平天国軍を討ち、台湾へ戻って戴潮春《たいちょうしゅん》事件の平定にも加わった。一八六四年、林文察は太平天国軍の汪海洋《おうかいよう》に敗れ、福建省漳州市で戦没した。息子が立てた戦功により、亡父の林定邦は資政大夫の爵位を与えられた。

林文察の息子林朝棟は、清仏戦争において台湾北部で戦った。劉銘伝が初代の巡撫に就任したとき、股肱の臣となったほどの傑出した人物で、日本領有当初は義勇軍を率いて日本軍に抵抗し

た。

林甲寅の分家に当たる林奠国《りんでんこく》（一八一四―一八八〇）は戴潮春事件の折、息子林文鳳《りんぶんほう》（一八四〇―一八八二）を伴って林日成《りんじっせい》の軍隊と戦い、霧峰を堅く守った。一八六四年の漳州の戦役のさい、林奠国は敵前逃亡の罪で十七年間入獄した。

林文鳳の死後、林奠国の息子林文欽《りんぶんきん》（一八五四―一八九九）が分家の後を継いだ。本家の林朝棟は劉銘伝に重用され、権力と富を得ていた。林文欽は、台湾兵備道劉璇《りゅうせん》に気に入られなかったため、自分で道を切り開くしかなかった。これは、同じ一族でも政治力の有無によって、待遇が異なるということを物語っている。

林文欽は科挙の道に進み、三十歳で秀才（科挙の第一段階である郷試を受験するための地方学校の入試に及第した者）、三十九歳で挙人（郷試に及第した者）となった。その一方で、林文欽は中部の樟脳専売権を独占している林朝棟と林合公司《コンス》を経営し、産業の振興に努めた。やがて巨万の富を築いて地主となり、大資本家となった。林文欽は温厚な仁徳のある人柄で、公益事業にも力を入れた。

また、清仏戦争にも加わり、日本領有当初には義勇軍を率いて日本軍と戦った。平時も軍に協力して道路の補修や架橋を行ない、災害時には救助を惜しまなかった。母の羅氏に孝養を尽くすためには萊園を建てた。人々は数多くの善行を称えて、林文欽を万安舎《ばんあんしや》と呼んだ。

徳宗の光緒七年（一八八一）十月二十二日、林文欽の息子林献堂が産声を上げた。六歳から蓉鏡斎の何趨庭《かすうてい》に漢学を教わり、学問の基礎を培った。一八九五年、父親の林文欽が日本軍に抗戦したため、隠遁せざるを得なくなった。十四歳の林献堂は祖母の言い付けで、一族四十余人を連れて福建省泉州へ避難した。富裕な家庭に育った林献堂にとっては、厳しい試練であったが、やがて情勢が落ち着いたので台湾に戻った。

十六歳から白煥圃《はくかんほ》に経書や歴史を学び、民族意識が高まった。十七歳になると彰化の名門楊晏《ようあん》然《ねん》の娘を娶った。十九歳のとき父親が香港で病死した。

父親の薫陶を受けていた林献堂は、やがて身に備わった財力・声望・仁徳・勇気を駆使して民族運動に献身し、領袖として同志を導いていくことになるのであった。

民族思想の芽生え　一九〇二年、林献堂は霧峰区長に就任した。翌年に辞したが、後に不本意ながら再び区長の職務に就き、一九〇五年には豊原にある台湾製麻株式会社の取締役になった。この時期に、『万国公報』『新民叢報』『国風報』などの雑誌を読んで、思想的な感覚を養った。また、親族の林幼春の紹介で、梁啓超《りょうけいちょう》（一八七三―一九二九）の知遇を得たが、これが契機となって林献堂は民族主義・民権主義に心酔し、民族運動に身を投じることになった。

一九〇七年、初めて日本を訪れた林献堂は、亡命中の梁啓超と奈良で会見し、日本領有下の台湾人の不幸な境遇を訴え、いかにして自由平等を獲得するかについて教えを請うた。梁啓超は次のように助言した。

「今後三十年間は台湾同胞を救い、自由を勝ち取るだけの力はないだろうから、決して軽挙妄動のために無意味な犠牲を払ってはならない。アイルランド人が英国に対抗した手立てに倣《なら》うのが最もよいだろう。初め、アイルランド人は反乱を起こしたが、警察や軍隊に抑圧された。後に一計を案じ、英国の朝野の顕要と結束して、次第に弾圧を緩めることに成功し、ついに参政権を得ることができた。どうして、それに倣わないのだね」

この言葉に従って、林献堂は民族運動を穏健な方法で進めることに決め、梁啓超を台湾へ来るように招いた。そしてその折は、警察の干渉を避けるために日本政府要人の紹介状を携えるのがよいと勧めた。

これより前、一九〇一年に林献堂の親族の林俊堂《りんしゅんどう》（一八七五―一九一五）は櫟社《れきしゃ》を創設し、中部の資産家階級の民族運動に関する意見交換の場にしていた。一九一〇年になって、林献堂が櫟社に加わって中心人物となり、漢学を提唱しながら、民族運動を推し進めた。櫟社の活動は次第に政治的色彩が濃くなり、後になって一九三一年に櫟社創立三十周年記念文集が出版されると、総督府は発刊禁止処分とした。

一九一〇年、林献堂は息子の林攀竜《りんはんりゅう》・林猶竜《りんゆうりゅう》を留学させるために東京へ連れていった。その折に、再び梁啓超に会ってぜひ台湾を訪問するように促した。

翌年三月二十八日、梁啓超は総督府支配下の財政・行政・産業・アヘン問題などについて視察するために台湾へ赴き、林献堂・連雅堂《れんがどう》・甘得中《かんとくちゅう》ら数十人が基隆港に出迎えた。梁啓超は台北に五日間泊まり、四月二日から五日まで台中で過ごして櫟社の歓迎会に招かれた。

四月六日から九日まで、梁啓超は萊園の五桂楼に泊まり、皆で政治・経済・文化・教育・民族運動の諸問題について意見を交わした。梁啓超は、参考となる東西の書籍を三百三十余点挙げ、あらゆる領域に視野を広げて研究するように助言した。

非武力による民族運動と思想や学問に対する梁啓超の考え方に、林献堂は深い影響を受けた。そして自らを啓発し、次第に指導者としての地位を確立していった。

同化会の先鞭　台湾人に対する総督府の教育政策は、主に日本語と実業の基礎教育に力を入れるものであった。日本人と台湾人では、教育を受ける場が平等でなく、一九一五年まで、台湾人が通う五年制の公立中学校はなかった。そこで、林献堂は台湾人だけを対象とする私立中学校の創設を計画した。

一九一三年、林献堂は林紀堂《りんきどう》・林列堂《りんれつどう》・辜顕栄・林熊徴・呉徳功《ごとくこう》・蔡蓮舫《さいれんほう》らの協力を得て、私立台中中学校の創設を総督府に願い出た。同時に、これらの有志から二十余万円の多額の寄付を集めた。

総督府は、学校を認可しなければ島民は大陸へ勉学に行くだろうし、認可すれば台湾人学校の統制が難しくなるだろうと懸念した。結局、集めた金を総督府に寄付し、一九一五年二月に四年制台中中学校が公立として創設されるという結果となった。しかし、皮肉にも台中中学校出身者の中から民族運動に走った者が多かった。

一九一三年、林献堂は北京を訪れ、司法総長となっていた梁啓超の紹介で多くの中国要人と知り合った。帰途、日本に立ち寄って明治の元勲板垣退助の知遇を得た。

この年、林献堂の秘書甘得中は板垣退助を介して、中国国民党の要人戴伝賢《たいでんけん》（一八九一—一九四九）と会い、島民の苦境を訴えた。

戴伝賢は、袁世凱《えんせいがい》が政権を握っている限り、十年間は台湾人を救援することができない。しかも、日本は民権思想の洗礼を受けていないので、革命運動を洪水猛獣のように見做している。まず、日本政府要人の協力を得て、総督府の弾圧を緩め、島民の苦しみを和らげるのが良策だと述べた。

梁啓超も戴伝賢も共通した見解を示したので、林献堂は穏健な方策を取ったのである。林献堂は政府要人と結びつくことによって総督府の弾圧を牽制しようとし、板垣退助は台湾を日中両国の掛け橋にしたいと考えた。

翌年二月十七日、板垣退助は台湾を訪れ、日本人と島民の和睦論を唱え、台湾人を介する日中親善の促進を切望した。人々は熱心に反応し、島民と在台日本人との平等を促すため、同化会を作ることに決めた。林献堂は、人々の気持ちが同化に向けられているのを知り、板垣退助と力を合わせて、会員を集め募金に努めた。

一九一四年十一月二十二日、板垣退助が再び台湾を訪れ、日本人や島民の有志に働きかけると同時に、総督府に対しても、同化事業の資金として募金の認可を取りつけた。板垣退助は自ら同化会の総裁を務め、日本人を役員に据え、本部を台北に、支部を台中と台南に設け、島民の有力者を評議員に推薦して同化会が成立した。

十二月二十日、会員三千人のうち五百人余りが台北鉄道ホテルに集まり、同化会の発足式が行なわれた。席上で、大隈重信首相や内田嘉吉総督府民政長官らの祝辞が読み上げられた。

しかし、式は熱狂的な島民と冷やかに進行を見守る在台日本人との睨み合いのうちに終始した。同化会が平等の待遇を求めるのに対し、総督府は在台日本人と結託して板垣退助を責めた。一九一五年一月二十六日、総督府は公共の秩序を害するという理由で、同化会に解散を命じた。

林献堂が、同化会の運動を通じて学んだことは多かった。例えば、民衆の関心を喚起する方法、講演会の運営、合法的な権利の主張の仕方を人々との交流の中で会得した。四月に西来庵事件の武力抗争が起きて、多くの犠牲者が出た（一二二頁参照）。林献堂は西来庵事件の結末と、同化会の解散による挫折を教訓に、同志を募って民族運動を続けた。

一九一八年、林献堂は台湾電力株式会社の創立委員に任じられ、台湾製紙株式会社の取締役になった。八月に東京へ行き、台湾留学生を頻繁に訪れた。翌年十月、新任の総督田健治郎に台湾の政治改革について意見や考えを具申した。

民族自決や民主主義といった考えや、辛亥革命、朝鮮独立運動に刺激された東京の台湾留学生たちは啓発会を結成するに至り、一九一九年、林献堂を会長に推し、啓発会の下に六三法撤廃期成同盟を設け、総督の専制権廃除を唱えた。

六三法とは、明治二十九年（一八九六）に抗日派の抵抗運動を制するために帝国議会から発布された「法律六十三号」のことである。この法律は、台湾の特殊事情を考慮して、台湾総督に法律と同じ効力をもつ命令（律令）の発布権を与えるものであった。これは、台湾総督による専制支配の法律的根拠となった。

啓発会は内地延長主義、六三法撤廃、議会設置請願や自治の要求などで会員間の意見が対立し、経費濫用などの事情もあって、積極的な活動を行なうことなく、解散に追い込まれた。

一九二〇年一月十一日、林呈禄《りんていろく》（一八八七―一九六八）は民族運動を推進するための組織が貧弱であると考え、蔡恵如と結んで新民会を設けた。林献堂を会長に招き、十一月に東京で新民会と台湾青年会の会合を催し、六三法撤廃運動について討論した。会合を重ねた結果、林献堂は六三法撤廃運動は行なわず、自治要求の活動も公にしないことを決めた。さまざまの異なった意見も取り入れて留学生の団結を促し、台湾議会設置請願運動に力を注ぐことにしたのである。

議会設置運動　一九二一年一月三十日、林献堂らは以後十三年十五回にわたることになる台湾議会設置請願書を、日本帝国議会に提出した。第一回の請願運動の後、台湾では民族意識が高まった。請願運動が進むにつれて、組織力のある団体の必要性が強まったので、この年の十月十七日に蔣渭水は台湾文化協会を設けた（四八頁参照）。絶大な支持者である林献堂は総理に推され、一九二三年から四年間、積極的な活動を行なった。翌年二月の第二回請願運動以降、総督府が弾圧を加え始めた。そこで、台中州知事常吉徳寿の斡旋で、九月二十九日林献堂・楊吉臣《ようきつしん》・林幼春・甘得中・李崇礼《りすうれい》・洪元煌《こうげんこう》・林月汀《りんげつてい》・王学潜《おうがくせん》の八人が、田健治郎総督と台湾議会設置について討論会を持った。この会談は八駿馬の会と呼ばれた。

総督の勧告を受け、翌日林献堂は請願運動からの離脱を表明した。原因は米価の下落で、台湾銀行からの負債が十数万円に及んだためである。総督府は銀行からの督促を厳しくさせて、林献堂を窮地に追い込んだ（八二頁参照）。また総督府は、一九二三年になると有力者を籠絡するため、一九二一年に林献堂に与えた台湾総督府評議会会員の資格を取り消した。

台湾議会設置請願運動が弾圧されたため、運動を別のやり方で推進する必要に迫られた。蔣渭水・蔡培火らは、台湾議会期成同盟を作ろうと計画した。一九二三年一月三十日、蔣渭水らは台北の北警察署へ結社を願い出た。だが、二月二日になって、総督府は治安警察法に違反するという理由で、この結社を認めないことを通達した。仕方なく本部を東京へ移し、林呈禄を主幹にして、牛込警察署へ結社届を出したところ許可された。それが総督府当局の逆鱗に触れ、十二月十六日に総督府警務局は四十九人を拘留した。この事件は治警事件と呼ばれ、蔣渭水ら十七人が投獄された。

林献堂は、これらの同志に衣食の差し入れをしたほか、家族を慰問した。更に、当局の規制を破って『東京朝日新聞』に事件の経過を報道させ、再び請願運動に乗り出した。

この年に、台湾雑誌社は台湾民報社と名称を変え、組織を株式会社に改めた。林献堂は社長に就任し、四月十五日に『台湾民報』創刊号が発行された。

このころ、台湾文化協会は各地に読報社を設け、講習会を開いて民衆の思想の啓蒙を進めていた。更に一九二四年からは萊園で夏季学校を開き、青年を対象に民族精神の啓発を行なった。当時、甘蔗の買収価格は、製糖会社が一方的に決めて、蔗農（甘蔗を作る農民）は会社の言いなりであった。一九二三年ごろから蔗農が製糖会社に買収価格を上げるよう求め、方々で争議が起こった。

一九二四年十二月、北斗郡二林庄で蔗農の意識を高めるために、李応章《りおうしょう》は農村講座を設けた。蓬萊米の生産に成功した現在、甘蔗より米を作ったほうが有利であると思って動揺した二林庄の蔗農は、一九二五年の初め製糖会社に対処するため会合を開き、蔗農組合の結成を決議した。四月十九日、林献堂は二林庄で文化講演を行なった。講演会は空前の盛況で、蔗農は企業の搾取に対する不満を訴えた。六月に文化協会理事の李応章を総理として、二林蔗農組合が成立し、農民運動の先駆けとなった。

台湾では文化協会、日本では台湾青年会、北京・天津・上海・広州では蔡恵如が台湾人に呼びかけて民族運動を盛り上げた。

民族運動の主な目的は参政権の獲得であったが、経済面の自衛策も必要であった。経済的搾取を目的とする総督府の政策は、金融資本を抑制し、台湾の資本家は企業資金の調達が容易でなかった。

米国で経済学を修めた陳炘《ちんきん》（一八九三—一九四七）は、台湾で金融業を経営したいと考えていた。一九二六年十二月、総督府の圧力と日本人金融業者に阻止されながらも、陳炘は大東信託株式会社を創設し、自らは専務取締役に就き、林献堂を社長に推して、中部の台湾文化協会支持者である地主たちを役員に据えた。この会社は台湾人の経済権益を図るほか、総督府の経済抑制策に対抗する象徴となった（八〇頁参照）。

民族運動の挫折　一九二〇年代から、日本や中国大陸では共産主義・無政府主義の風潮が現れ、徐々に労働者や学生・農民などの運動が目覚ましくなってきた。そのため、民族運動の陣営に亀裂を生じることになった。

一九二七年一月二日、台湾文化協会は台中で臨時大会を開き、中央委員を選んだ。結局、社会主義派の連温卿《れんおんけい》が優位を占め、林献堂・蔡培火・蔣渭水の三人は辞職し、台湾文化協会は分裂した（一二八頁参照）。

左派は大衆文化の向上を唱えて無産階級運動に走り、右派は後に台湾民衆党を組織した。両派の対立が原因で、台湾人留学生の団体まで分裂した。林献堂はこの事態を深く悩み、分裂後の活動には参加しなかった。

一九二七年五月から一年間、林献堂は欧米旅行に出かけた。日本にも立ち寄り、翌年の冬台湾に戻った。先進国家の民主的議会や文物・史跡などを見聞して感銘し、民主政治への認識を高めた。そして、台湾地方自治連盟を組織する構想を練った。

蔡培火・蔣渭水らは、林献堂外遊中の五月二十九日に台湾民党を結成したが（五一頁参照）、六月三日には総督府から禁止命令が出た。そこで、七月十日台湾民衆党を結成し、十一月六日第二回中央委員会で林献堂・林幼春・蔡式穀《さいしきこく》・蔡培火が顧問に推薦された。

しかし、蔣渭水らの率いる台湾民衆党は無産階級運動に傾き、林献堂が目指す穏健な路線とは方針が食い違ってきた。同時に、蔡培火派の勢力は衰退し、林献堂の影響力も低下した（五五頁参照）。

一九二八年四月二十五日、第九回請願運動のさい、新文化協会と青年会が反対の態度を取って活動は分裂した。第十回（一九二九年二月十六日）になると新文化協会は請願反対を表明し、請願の人数が減った。第十一回から十五回にかけて、請願者数は更に減少して、ついに一九三四年九月二日請願断念を決議するに至った（一三〇頁参照）。

一九三〇年一月十二日、林献堂は林柏寿《りんはくじゅ》・羅万俥《らばんしゃ》・林履信《りんりしん》・蔡式穀・蔡培火らに、地方自治制度の実施を目的とする新たな政治結社を組織することを促した。それは民族運動に拍車をかけて、島民の参政権獲得を目的とするものであった。林献堂は、地方自治に詳しい新民会の主宰者楊肇嘉を東京から呼び戻し、穏健派を率いて台湾民衆党代表と協議したが、合意は得られなかった。八月十七日、林献堂・蔡培火・楊肇嘉らが中心となって、台中に台湾地方自治連盟を結成した（一三〇頁参照）。会員は、資産家や有識者が主であったので、地主社会主義者と揶揄された。当時、左派の新文化協会や右派の台湾民衆党・農民組合・工友総連盟は、地方自治連盟よりも評判が高かった。

台湾民衆党が総督府に解散を命じられた一九三一年、時局の変動が激しくなり、もはや穏健な行動では民衆の支持が得られなくなって、活動は次第に消沈していった。その中で、林献堂は『台湾新民報』発行の認可を受け、首相や総督に政治改革を建議した。例えば、一九三二年の台湾米移入制限反対、一九三四年の台中中学の学級増設などである。

文化協会分裂後、林献堂は政治運動から手を引き、背後から支援していたが、議会設置請願運動だけは続けていた。一九三五年、台湾の政治運動が衰退すると同時に、日中関係が緊迫し、日本では軍国主義の気運が高まってきた。このころになると、林献堂は完全に政治運動から退いていた。

一九三六年三月、林献堂は次男林猶竜とともに、『台湾新民報』主催の華南視察団に加わった。厦門・福州・汕頭《スワトウ》・香港・広東などを歴遊し、上海で講演したとき、「林献堂は祖国に帰ってきました」と言った。それを日本のスパイが台湾軍部に報告し、台湾軍参謀長荻洲立兵は政治的制裁を企てた。六月十七日、総督府始政記念日の園遊会に招かれた林献堂は、暴漢に襲われた。これが、抵抗派に対する見せしめのために日本が起こした、いわゆる祖国事件である。

荻洲立兵はまた、『台湾新民報』の漢文欄の廃止を強制し、林家の親族までも拘留した。そして、林献堂に神社に参拝するように、郭廷俊《かくていしゅん》を使って説得させ、特高（戦前の特別高等警察）もまた脅迫した。林献堂は台湾を脱出せざるをえなくなり、一九三七年五月十八日、一家を挙げて東京に隠遁した。翌年十二月十一日に帰台したが、四カ月後再び東京へ赴き、旅行中に作った漢詩を『海上唱和集』にまとめた。

一九四〇年の末、林献堂が帰台すると、島民を日本人化する皇民化政策が進み、日本人とともに一体となって日中戦争に突入させられていった。政治運動の領袖を籠絡するため、当局は一九四一年十一月六日林献堂を台湾総督府評議員に任じ、更に一九四五年四月には、貴族院議員に勅任した。八月、太平洋戦争が終結し、台湾は中国に復帰した。

復帰後の台湾　一九四五年八月十五日から十月五日の間、つまり日本が降伏してから国民党軍が台湾に進駐するまでの期間、台湾の政治は真空状態に置かれていた。台湾にはまだかなりの日本兵が留まり、その動きが憂慮される一方、これまで抑圧されてきた島民の報復行為も避けられないのではないかという懸念もあった。そこで林献堂は、八月二十日に林猶竜・許丙・藍国城《らんこくじょう》を伴って、総督安藤利吉と参謀長諫山春樹を訪ね、日本の第十方面軍（台湾軍）の動向と、その行動を抑えることが可能かどうかを探り、島民に協力することの必要性を説いた。総督は、引き続き治安維持の責任を負うと述べ、林献堂の協力を求めた。

九月六日、蔣介石は何応欽《かおうきん》に命じ、安藤利吉を通じて、林献堂・陳炘・羅万俥・林呈禄・蔡培火・蘇《そ》維樑《いりよう》に九月九日南京での受降式典に参列するよう通知した。ところが諫山春樹は、六人に参加しなくてもよいと故意に伝えた。後に、このことを知った何応欽は、甚だ不快であった（八四頁参照）。九月九日、一行は秘書長万敬恩《ばんけいおん》と台湾の政治・経済・教育・法律などの諸問題について討議し、十三日に台湾へ戻った。

ところで戦争末期に日本軍に徴用された台湾青年は、終戦によって除隊した後、職がなく困窮に陥っていた。軍人として大陸で戦った者は軽蔑され、財産を奪われたうえに大陸に拘留される者もいた。これらの人々を救援し、速やかに帰郷させるため、林献堂は有志に呼びかけて台湾省海外僑胞救援会を組織し、募金をするとともに、台湾青年を帰還させる船を手配するよう各地方自治体へ働きかけた。

一方、終戦直後、第十方面軍の少壮軍人が総督を唆《そそのか》し、台湾籍地主と結んで独立を企てた。許丙・林熊祥《りんゆうしょう》・簡朗山《かんろうさん》・辜振甫《こしんほ》・徐坤泉《じょこんせん》らは総督と草山会議を開き、台湾独立の計画について討議した。

結局、計画は未遂に終わり、一九四六年三月、許丙ら十数人が台湾当局に逮捕された。林献堂は許丙、辜振甫と交際があったという理由で、逮捕者名簿に載せられた。台湾籍の国民党要人邱念台《きゅうねんだい》が当局に林献堂の無実を弁明したので、林献堂に対する漢奸の容疑が晴れた。

一九四六年五月、第一回台湾省参議会が発足し、林献堂は参議員に当選した。そして、当局が擁立した黄朝琴《こうちょうきん》（一八九七―一九七二）と議長の座を競うことになったが、情勢を考えて出馬しないほうがよいと邱念台から忠告されて断念した。

この年に邱念台、林献堂ら各界の名士が、台湾復帰表敬訪問団を組織して大陸を訪ねることになった。これは、長期にわたる隔絶した時間を取り戻し、相互理解と意思の疎通を図るための交流であった。

八月二十九日、一行は上海に着き、翌日南京へ向かった。中山陵、明の孝陵などの史跡を見学後、国民政府の各部署を回り、台湾問題や国民党と共産党の内戦について論議した。

九月六日、西安を遊歴して施設を訪ねた後、陝西省黄陵県にある黄帝陵に参拝する予定であった。ところが、黄陵県は既に共産党の支配下にあったので、九月十二日耀県から黄帝陵に向かって遥拝した。このとき林献堂は赤痢にかかったため、同行しなかった。一行が陝西省を離れるとき、林献堂は訪問団を代表して挨拶に立った。

「西北地方の人は純朴で、規律を守る点においては台湾人と共通しています。台湾人は五十年間日本の支配下にありましたが、法を守り国を愛する至誠はまだ存在しています。陝西省へ台湾の農業・工業・鉱業の近代技術を導入して我々が改善に協力すれば、西北の開発が進むでしょう。そうすれば、必ず国家に貢献でき、繁栄に繋がるのです」

九月三十日に一行は蔣介石を訪れ、「国族干城」と刺繍した旗と五千万円を贈った。その夜、茶会で林献堂を中心に歓談し、台湾の失業者が増えていることと、物価高騰の実情を再度取り上げた。一行は十月五日、上海から台北へ帰った。それから半年も経たないうちに、不幸な二・二八事件が起きたのである（一五五頁参照）。

五、民族運動とアヘン問題——台湾民衆党の創設者、蔣渭水

文化啓蒙の先覚者

蔣渭水は字を雪谷《せっこく》と称し、清の徳宗の光緒十七年（一八九一）二月八日、台湾の宜蘭に生まれた。父鴻章《こうしょう》は名の通った占い師であった。蔣渭水が幼少のころ、父親について廟に出入りしているうち、託宣を伝えることを覚えた。八歳のとき、秀才張鏡光《ちょうきょうこう》に学び、漢学の基礎を培った。

十五歳で公学校に入り、六年制の教育課程を三年学んだ後、台湾総督府医学校へ進んだ。卒業すると宜蘭病院の内科に勤めたが、十一カ月で辞めた。そして、台北市大稲埕で大安医院を開いて、内科・小児科・花柳科（性病科）の診療を行なった。蔣渭水の医業は繁盛していたが、その一方、副業として「春風得意楼」という料亭を営み、各界の名士と知り合って人脈を得たことが後の民族運動に役立った。

当時、林献堂は学生に呼びかけて、台湾議会設置請願書提出の準備を進めていた。蔣渭水は、林瑞騰《りんずいとう》を介して林献堂の知遇を得て、民族運動に深い関心を寄せた。蔣渭水はこれこそ島民を救う唯一の道であると考え、政治運動に携わるようになり、医学校の学生たちと、文化協会設立の

ために奔走した。一九二一年十月十七日、台北市大稲埕の静修女学校で文化協会の発足式が行なわれ、千三十二人の会員のうち三百余人が集まった。会員は総督府医学専門学校・師範学校・商工学校・工業学校などの学生が大半を占めていた。総理に推された林献堂は、楊吉臣・林幼春を協理に、蔣渭水・蔡培火を専務理事に指名した。

翌年二月、蔣渭水は貧困な児童を教育する文化義塾の開設を計画したが、総督府の認可が下りなかった。

一九二三年の治警事件で、蔣渭水は拘留されたが、第一審公判では総督府の失策を衝いて無罪となった。ところが、検察官の上訴の結果、禁固四カ月の判決を受け、八十日間の刑に服した後仮釈放された。治警事件は、台湾議会設置請願運動に刺激を与え、更に文化啓蒙運動にも活力を与えた（四〇頁参照）。

蔣渭水は、医の精神で世を癒そうと心がけ、『台湾民報』発行五周年特集号に、文化協会結成の動機を次のように発表した。

「台湾人は、日中親善を媒介する使命を負っている。日中親善はアジア民族の連盟を前提とし、アジア民族の連盟は世界和平の前提でもある。世界和平は人類最大の願望である。ゆえに、台湾人は日中親善の媒体となり、アジア民族の連盟を促進し、人類最大の幸福である世界和平を導く使命を持つものである。

端的に言うならば、台湾人は世界和平の第一関門の鍵を握っている。これは、有意義で重要な使命ではなかろうか。我々は、重大な使命に目覚めて、それを遂行する必要がある。本会は、この使命を遂行できる人材を育成するために設けられた。

現在、台湾人は病んでいる。この病は治らない。治す人材もいない。当面は、この病根を治すところから着手しなければならない。島民が患っているのは、知識という栄養の欠乏症である。知識という栄養剤を飲まなければ、決して治らない。文化運動は、この病の唯一の根本療法である。文化協会は、これを専門に追究するとともに、治療を行なう機関である」

台湾初の政党

一九二一年から七年間、台湾文化協会は文化啓蒙の主役を演じ、さまざまな分野の知識人を受け入れて、政治や社会の改革を進めた。一九二〇年代に、民主政治、議会政治、資本主義、社会主義、共産主義などのさまざまな思想が台湾に伝わった。

数年間にわたって運動が続けられたが、総督府の専制政治を変えることはできなかった。冷静に考えた会員は、現状に不満を覚え、ついに台湾議会設置請願運動を批判する者が出てきた。哀願叩頭的な請願や文化啓蒙ではなく、政党を結成して権利を得る方向に改めていくべきだというのである。

蔣渭水は、既に一九二三年に蔡培火・陳逢源《ちんほうげん》・石煥長《せきかんちょう》らと新台湾連盟の結成を試みていた。その目的は、社会の恒久平和と、共存共栄の原理に基づき、台湾の実状に沿った討論や講演会を持つことである。だが、治安警察法に触れて活動を遂行できなかった。

その後、政治運動は分裂し、互いに勢力を競うようになった。蔣渭水は、郷土を愛する一知識人から、積極的な社会運動家へと変貌していった。

一九二七年一月、蔣渭水は文化協会を脱退し（一二八頁参照）、新しい政治団体を組織する準備を始めた。翌月、林呈禄・林幼春・蔡培火・蔡年亨《さいねんこう》らが台湾自治会と称して、地方自治の改革を唱えた。この団体は、合法的な手段によって無産階級の権益を守るのが狙いであったが、総督府に阻止され、台湾同盟会と名称を変えた。ところが、綱領や政策は以前と同じだったので、これもまた禁止された。

そこで、五月に名称を解放協会と改め、島民全体の政治的・経済的・社会的解放を目的とする綱領に修正した。更に準備会で協議した結果、台政革新会と改め、五月二十九日には、党の結成大会で台湾民党と改称された。綱領は解放協会と同じものである。主な目標は、民本政治の確立、集会・結社・言論・出版の自由と、島内で新聞や雑誌を発行することである。そして、州・街・庄の自治権の確立、普通選挙制度の採用、保甲制度の撤廃（一五頁参照）、労農運動や政治団体への援助を要求した。

六月三日、当局は綱領が民衆を挑発し、民族自決を図り、総督府の施政方針に反するものであるという理由で、台湾民党を認めなかった。

当局の弾圧にもめげず、有志の努力によって、七月十日台湾民衆党は台中で結成大会を開いた。九月に中央委員会を開き、綱領と目標を練り直して、妥協案の作成を常務委員に依頼した。蔣渭水・謝春木《しゃしゅんぼく》・盧丙丁《ろへいてい》・黄周《こうしゅう》らが作った草案は、民本政治の確立、合理的な経済組織の建設、社会制度の改善を唱えていた。綱領の中の「台湾人全体」や「解放」という文字を削除し、当局の要求に沿うように改め、語勢を柔らかくした。台湾民衆党の結成に先立ち、蔣渭水が入党することで当局から不満が生じるのではないかという論議があったが、結局、党員の評決により、多数の支持の下に入党を許された。

一九二七年、台湾民衆党の成立と前後して、文化協会を脱退した民衆党の同志は、以後三百三回にわたって講演会を行なった。のべ九百三十四人の弁士を動員し、聴衆はのべ八万五千九百二十人に上った。一般の講演会のほか、政治講演会を五十回行ない、のべ二百八十八人の弁士を動員し、のべ三万二百八十人の聴衆を集めた。また、教育映画を上映する会をこの年だけで九十回開き、のべ三万五千人の観衆を集めた。

講演活動の傍ら、民衆党は、総督府へ建議書を提出した。

「評議会は総督府の御用機関にすぎず、台湾の民意を反映できないので、我々はその復活に反対する。州・市・街・庄の議員を、普通選挙により日本人と島民の人口の割合で選出し、市・街・庄長は議会で選出せよ」

一九二八年七月、台湾民衆党は第二回党大会を開いて、当局に対する党の方針を次のように明らかにした。

「我が党は、日本政府の満州問題の解決策と、不平等条約排除の態度に抗議する。これは、民国の統一と東アジアの和平を破壊するものである。

また、台北市内の路面電車敷設計画にも反対する。理由は、路面電車は時代遅れであるうえ、予定路線が日本人居住地域に片寄っているからである。併せて我々は保甲制度の撤廃、中国渡航旅券制度の廃止、言論の自由、司法制度の改革、義務教育の実施などを要求する」

民族運動の中で国内外の注目を集めたのは、アヘン吸飲特許の反対運動である。領有当初、総督府はアヘン厳禁対策を実施する予定であった。だが、激しい論議の末に漸禁政策をとることに決まり、アヘンの専売による収入は総督府の財源となっていた（六六頁参照）。

一九二五年二月十一日、ジュネーヴ第一アヘン条約が成立し、総督府は実行に移すため、法の改正を迫られ、一九二八年十二月に改正アヘン令が発布された。

それによると、以前から特許鑑札を持っている者に限ってアヘン煙膏の配給を続ける。一般の者の吸飲は絶対に許さない。密かに吸飲する違反者は厳しく規制して懲役を科す。しかし、既に中毒症状に陥った吸飲者には人道上問題が残るので、吸飲の特許または矯正治療を申請させるというものであった。

台湾民衆党はこれを不満として、アヘン中毒者全員に矯正治療を施すよう求め、警務局長に抗議書を送った。しかし、要求が拒否されたので、蔣渭水らは怒りのあまり、一九三〇年一月二日、国際連盟本部宛に次のように打電した。

「日本政府が、今回台湾人にアヘン吸飲の特許を与えるのは、人道上の問題だけでなく、国際条約にも違反する。この政策の遂行を、速やかに阻止する方法を講じてもらいたい」

国際連盟は、極東アヘン問題調査委員を台湾へ派遣し、実態調査を行なわせた。調査は、二月十九日から三月二日まで行なわれた。総督府は、調査委員一行と蔣渭水との会見を阻止しようとしたが、結局、林献堂の斡旋により官憲の立ち会いの下に蔣渭水・蔡式穀・林攀竜らは調査委員一行と会見することができた。

総督府は事実を隠蔽するため、林献堂を中心とする櫟社（三五頁参照）の一員だった連雅堂を三百円で買収し、『台湾日日新聞』の「新阿片政策謳歌論」の中で、「アヘンは害がないばかりでなく、長寿膏と称して有益でさえある」というとんでもない一文を書かせた。アヘン代ほしさのゆえではあったが、これは台湾民衆を完全に裏切る行為であり、櫟社の仲間は大いに憤慨して、連雅堂を除名した。

台湾のアヘン問題は、日本帝国議会にまで持ち込まれて論議を呼んだ。総督府は前向きに治療政策をとるようになって、台北更生院を開設し、矯正措置が一歩前進したのである（六七頁参照）。

台湾工友総連盟　台湾で近代的な労働運動が始まったのは、一九二〇年代である。一九二七年の統計によると、台湾における工場の総数は三千六百四十六カ所、そのうち工員数が十五人未満の工場が七七・五パーセントを占め、百名以上の工場は百四カ所、二百名以上の工場は五十八カ所であった。鉱山の総数二百二十三カ所のうち、鉱員二百名以上の鉱山は二十二カ所であった。当時の総人口から考えると、工員数の割合はまだ少なく、労働運動を起こすほどの力がなかった。

一九二〇年代の台湾の社会主義運動家は、労働運動にも関心を寄せた。当時、労働運動の組織には、新文化協会共産主義派の台湾総工会と、蔣渭水の台湾工友総連盟があった。双方を比べると、蔣渭水の組織は新文化協会より大きく、動員できる人数も多かった。台湾労働運動の主導権を握っていたのは共産主義者ではなく、共産主義派から小資産階級と揶揄された蔣渭水一派であった。

蔣渭水は一九二八年二月十九日、台北木工工友会などの二十九の労働団体を糾合して、台湾工友総連盟を結成した。台湾工友総連盟は労働者の権利を保護し、労働者階級の政治的・経済的・社会的解放を主張し、最低賃金、八時間労働、女工・少年工の保護、失業手当、工場法、健康保険、罷工権（ストライキ権）、団結権、交渉権などの制定を求めた。

また、浅野セメント株式会社高雄工場、台北工業株式会社、台北木工工会、台北木工工友会、台北印刷工会など、各地の労資間争議で労働者側を応援した。

台湾民衆党の分裂　文化協会分裂以来、台湾民衆党内部では活動方針を巡って蔣渭水派と蔡培火派の主張が食い違っていたものの、対外関係では妥協してきた。だが、蔣渭水の導く台湾民衆党の活動は次第に労農運動に傾き、蔡培火らの右派は不満を募らせていった。一九二九年十月、民衆党の第三回党員大会で、蔣渭水は次のように宣言した。

「本党の階級問題に対する政治理念は、農工階級を中心勢力として、農工商をもって共同戦線を学び、立党の精神を明白に提示することである」

こうして、民衆党は農工階級を中心とする政党に傾いていった。

林献堂・蔡培火・蔡式穀・陳逢源・洪元煌・楊肇嘉らはこの状況を見て、台湾民衆党に見切りをつけ、一九三〇年八月、ついに台湾地方自治連盟を結成した（一三〇頁参照）。台湾地方自治連盟には多くの台湾民衆党員が加わったため、二つの組織に籍を置く者が現れた。党内部で批判の声が上がり、一九三一年一月に林献堂・林幼春らは顧問の職を退いた。

台湾民衆党と地方自治連盟は、それぞれの目標に向かって進み、民族運動の陣営は再び分裂することになった。分裂の傾向は一九二〇年代からあったが、どの路線が妥当であったのかは、その後民族運動が凋落したために検証することができない。

分裂後、台湾民衆党は党を建て直し、次のような要望書を提出した。

「台湾民衆党は地方自治の改革、始政記念日の反対、総督府評議会復活の反対、減税、盗犯防止法の反対などを要求する」

更に、民衆党は拓務大臣と日本大衆党・労農党に、総督府官憲の傲慢な態度を訴え、総督府が行なった霧社事件の不当な処理と残忍さを暴露して、日本の政界を揺るがせた。

霧社事件とは、一九三〇年十月二十七日、能高郡霧社地方で、日本の統治方針への反感から高山族が蜂起して日本人百数人を殺害した事件である。事件後、千人以上の高山族が処刑、あるいは報復事件の犠牲となった。

一九三一年二月八日、台湾民衆党の中央執行委員会が開催され、綱領の修正案が可決された。修正された綱領は、労農無産階級と被圧迫民衆の政治的自由を勝ち取り、日常の利益を擁護し、組織の拡大に努めるというものであった。これは無産政党の方針に似ているので、黄旺成《こうおうせい》らの反対派は退席した。

二月十八日に第四回党員大会が開かれ、新しい修正案が可決されたが、会議中に警察が踏み込んできた。蔣渭水ら十六人が逮捕されたが、翌日には釈放された。

一九二七年に台湾民衆党が結成された当初は、党員の数も多く勢力が大きかった。しかし、一九三一年には状況が変わって、社会主義派の活動が衰えてきた。そのうえ、右派が台湾地方自治連盟を作って分裂し、勢力が分散したため、警察に一斉検挙の好機を与えたのである。

早世　蔣渭水は、あるとき腸チフスで台北病院に入院し、隔離治療を受けた。台湾民衆党の同志は、入院中に官憲が蔣渭水を毒殺するのを恐れ、投薬や処置などは杜聡明《とそうめい》（一八九三—一九八六）教授の立ち会いの下で行なうよう求めた。当局は、特例として杜聡明の立ち会いを許したが、結局、不穏な動きはなかった。

一九三一年に台湾民衆党の活動が禁止されてからも、蔣渭水は再起を図ろうとしたが及ばず、命運が尽きた。蔣渭水は八月五日病魔に命を奪われ、四十歳でその生涯を閉じた。

僅か十年の政治運動を通じて、蔣渭水は台湾文化を向上させ、権利を剝奪された島民の解放に生命を捧げた。開業医としての診療経験を生かして、政治改革運動に従事し、文化啓蒙者としてばかりでなく、政党組織者・街頭運動家・労働運動の指導者としても大役を果たした。

蔣渭水の死によって、台湾民衆党と工友総連盟の活動は終わりを告げた。蔣渭水の名言に、

「同胞は団結しなければならない。団結は力なり」というものがある。団結して奮闘する必要性を説いた言葉である。

六、アヘン根絶への努力——医学界の中心人物、杜聡明

医学校時代　杜聡明は字を思牧《しぼく》といい、清の徳宗の光緒十九年（一八九三）八月二十五日、台湾の淡水に生まれた。賢く育てたいという父杜日鳳《とじつほう》の願いで、聡明と名づけられた。その二年後、日清戦争の講和条約で台湾は日本の領有になった。その名のとおり、杜聡明は小学校、医学校を首席で通した。

当時、台湾では小学校を卒業した後に進む上級学校は、台湾総督府医学校（五年制）、台湾総督府国語学校（国語部と師範部ともに四年制）、および台湾総督府農事試験場（二年制）の三校しかなかった。中でも、医学校に入学することが一番難しかった。

一九一四年、医学校を卒業した杜聡明には、台湾赤十字病院への就職が待っていた。が、基礎医学を専攻したかったので、台湾総督府研究所の細菌学研究室の雇いとして採用された。そのうち、杜聡明は今の学力で研究を続けても、大きな進展が望めないと思い始めた。そこで、台湾総督府医学校の堀内次雄校長に、細菌学の研究を続けながら勉強できる日本国内の施設を紹介してほしいと願い出た。

堀内次雄は、二、三の施設を当たってみた。杜聡明は細菌学を望んでいたが、堀内は臨床医学を専攻しないからこそ、内科学を一、二年間研修しておけば役に立つと言い、ドイツ留学のさいに知り合った京都帝国大学の内科学の賀屋隆吉教授を紹介した。杜聡明は内科学を一年間研修した後、薬物学教室に留学中の先輩廖煥章《りようかんしよう》の紹介で森島庫太教授の指導を受けることになった。

森島教授は、京都帝国大学薬物学教室の創始者であり、その門下から東北帝国大学八木精一教授をはじめ、全国の大学薬理学教室に十数人の教授を送り出していた。

医学校では、医学専門学校のように英語やドイツ語の学科がなかったので、杜聡明は個人的に教師について学習した。医学校三年生のときには、既にドイツ語の内科診断学の原書を読みこなすことができるようになっていた。杜聡明は薬物学教室に籍を置いた後も、語学の研鑽を怠らず、夜間を利用して、ドイツ語やフランス語、英会話をみっちり学んだ。

京都へ来た当初、杜聡明は六畳一間に下宿していた。後に、数人の台湾人と共同で、大学近くの吉田下阿達町に家を借りた。

あるとき、杜聡明は実験に使うといって、肉屋で豚の肝臓を買った。そのころの日本人には、臓物などを食べる習慣がなく、下手物《げてもの》食いと思われたくなかったからである。肉屋の店主は、豚の心臓も一個つけてくれた。家に帰って料理し、皆で食の歓びを分かち合った。また、鶏肉店から鶏の頭を安く譲り受けてもらい、料理することもあった。

夏休みになると、近くの水田へ蛙を捕りに行き、最上の料理を味わった。これらは杜聡明にとって、研究生時代の忘れ難い思い出になった。

そのころ、杜聡明の医学校時代の校長代理であった長野純蔵は、大阪赤十字病院の院長に転任していた。杜聡明は夏休みに長野のもとを訪れ、幾日か泊めてもらった。たまたま、長野が二十人の客を台湾料理でもてなすことになった。そのころ、大阪にはまだ台湾料理店がなかったので、杜聡明は調理を頼まれた。料理の材料を神戸の中華街まで買いに行き、知り合いの女子留学生を助手にして、杜聡明は腕を振るい、来客を喜ばせた。

京都へ赴くさい、堀内校長は官費留学を勧めたが、杜聡明は拘束されるのを嫌って、私費留学にした。後に、研究成果が一段落ちついたころ、堀内は森島教授を訪れ、杜聡明を医学校の教官に抜擢することを申し出た。杜聡明は学位の取得に先立って、医学校の講師に任命された。一九二一年十月二十一日、帰台と同時に台湾総督府医学専門学校の助教授に着任した。それまで高級官吏に任命された台湾人には、台南高等商業学校教授林茂生《りんもせい》と総督府翻訳官蔡伯毅《さいはくき》がいた。杜聡明は三人目であった。辜顕栄・林熊徴・王慶忠《おうけいちゅう》・顔雲年《がんうんねん》らの有志が発起人となり、台北市の江山楼で祝賀会が催された。杜聡明は世間の称賛を浴び、まるで凱旋将軍を迎えるような盛況ぶりであった。

翌年四月一日に、杜聡明は二十八歳の若さで教授に昇進した。このとき、一歳年上の郭沫若《かくまつじやく》（一八九二―一九七八）は、まだ九州帝国大学医学部に在学中であった。この年の十二月十六日、杜聡明は京都帝国大学で医学博士の学位を受け、台湾人初の博士となった。内外の新聞は杜聡明のことを大きな見出しで報道した。辜顕栄らは再び江山楼で、医学専門学校の学生は学寮で祝賀会を開いた。続いて、杜聡明にとってのもう一つの慶事は林双随《りんそうずい》との結婚であった。

日本留学中、杜聡明は夏休みに帰省するため、神戸から汽船に乗った。出航した夜、台湾人留学生が船上に集まって懇親会を開いた。杜聡明は席上で演説し、青山女学院の学生であった林双随は歌を披露した。杜聡明は林双随の活発さに魅せられ、伴侶にしたいと望んだ。そこで、友人の蔡培火に仲立ちを頼んだ。名門の林家と大屯山麓の農村の杜家とでは釣り合わないかと思われたが、杜聡明の率直な気持ちと堅い意志に心を動かされた林双随の父親林仲衡《りんちゆうこう》は、四つの条件を出して励ました。それは高級官吏になること、博士号を取ること、漢詩を作ること、結納金を五千円仕度することであった。結局、学位を受けることが決まって、二人の結婚は許された。詩作は晩年になってから学んだ。

欧米遊学　一九二五年十二月から二年四カ月間、杜聡明教授は総督府在外研究員として、欧米諸国へ遊学することを許された。

師走も押し迫ったころ、杜聡明は基隆港から笠戸丸で大阪に立ち寄り、郊外に住む長野純蔵を訪れた。翌年一月八日、杜聡明は東京にいる友人の送別を受け、横浜港から二万二千トンの大洋丸で米国へ向かった。同じ船に、京都帝国大学薬物学教室出身の原正平が乗り合わせていたので、心強い旅となった。船は、紺碧の海を一路東へ向かい、途中でホノルルに寄港した。船客は島を周遊し、フラダンスを見物して楽しんだ。当時、米国では禁酒法が布かれていたが、日本料亭に入ると、酒を急須に満たしてもてなしてくれた。

横浜港を出航してから十七日目にサンフランシスコに着いた。杜聡明は同じ船の日本人乗客と一緒に、小川ホテルに泊まった。初めて米国を訪れた杜聡明は、その文明や生活水準の高さに感心した。が、その一方、米国では日系人が差別を受けていることを知った。それは、ちょうど台湾人が日本人の差別に苦悩しているのと同じ状況であった。

杜聡明はペンシルヴェニア大学に遊学し、旧友羅万俥の紹介でフィラデルフィアに部屋を借りて、二カ月間滞在した。ペンシルヴェニア大学のリチャード主任教授は、腎臓薬理学の最高権威であった。また、同大学薬理学教室では内科学の専門家を招いて治療学の講義も行なっていた。これらは杜聡明にとって、教学や研究の参考になった。

アメリカ大陸で杜聡明は三人の高名な学者を訪ねた。まず、ジョンズ・ホプキンズ大学薬理学教室のアーベル教授を訪れた。アーベルは、米国薬理学の父といわれている実験薬理学の泰斗であり、薬理学教室には日本・英国・ポーランドなどから多くの研究員が集まっていた。

次に杜聡明は野口英世を訪れた。前もってニューヨーク駐在の斎藤総領事に紹介状をもらっていたので、ロックフェラー研究所を見て回ることができた。このとき、野口は暗室で染色した細菌の鞭毛の顕微鏡写真を撮っていた。野口は、杜聡明にも撮影してみるように勧め、「助手に協力してもらう場合、予め仕事の内容を詳しく説明すると、よい成果が得られる」と助言した。

昼になって、野口は杜聡明と昼食をともにした。食事の後、杜聡明は再び実験室に誘われ、夕方まで見学した。

数日後、杜聡明は斎藤総領事の官邸での晩餐会に招待され、野口も同席した。帰りは野口が、車で杜聡明を下宿まで送った。杜聡明は礼を述べ、「先生は、将棋がお好きだと聞きましたので」と言って、記念に一面の将棋盤と駒を贈った。野口の歓待を受けたことは、杜聡明にとって生涯忘れ難い思い出となった。

三番目に訪ねたのはカナダのトロント大学のバンティング教授であった。糖尿病の治療に用いるインシュリンの抽出に成功し、一九二三年にノーベル賞を受けた。バンティングの逸話を杜聡明は台湾医学会で紹介したことがあった。それで、バンティングを訪れたのである。

一九二六年七月五日、フィラデルフィアで世界麻薬教育会議が開かれた。杜聡明は総督府の命によって会議に臨み、「台湾におけるアヘン問題」と題して講演した。

次いで杜聡明は、世界最大級の客船マジェスチックで英国に向かい、ロンドンを経てヨーロッパ大陸に渡った。パリに二週間滞在した後、杜聡明はオランダのユトレヒト大学のマグヌス教授を訪れ、更にドイツのハンブルクへ赴いた。

ハンブルクには、ハンブルク大学と熱帯医学研究所があり、二千二百床以上の病院が三つもあった。ハンブルク大学薬理学教室は三階建の病院の中にあり、主任教授のボルンシュタインは薬物の新陳代謝、特に呼吸代謝の研究では第一人者とされていた。杜聡明は、半年間指導を受けて、その研究成果をドイツの医学雑誌に載せた。

薬理学教室は病院内にあったので、杜聡明は東洋人患者の通訳を依頼されることがあった。あるとき、二人の東洋人が入院してきた。一人は航海中に肺炎にかかった日本人の船員で、一人は中国人の調理師であった。

調理師は、南方でアメーバ赤痢にかかったことがあった。肝膿瘍で緊急手術が必要であったが、危篤状態に陥り、杜聡明は家族に言い残すことはないかと訊いた。患者は、「病気がよくなったら帰国するつもりですが、覚悟はしています。別に言い残すことはありません」と言い、ただ二等病室に入りたいと要求した。異郷にあっても、中国人としての体面を保ちたかったのであろう。術後、患者は一時小康を得たが、結局助からなかった。

エルベ川には大小数千の船舶が行き交い、ドイツの旧植民地から熱帯病患者が運ばれてくる。この研究所における熱帯病の研究は、世界的にも権威があった。台湾のマラリア療法も、ここで発表された文献に従っていた。

一九二七年四月、杜聡明はハンブルクからベルリンへ行った。ベルリン大学では、薬理学のトーマス教授について四カ月間教えを受けた。そしてドイツを離れ、英国へ向かった。

英国には二カ月滞在し、ロンドン大学薬理学教室や、市内にある十三校の医科大学を見学し、英国の医学教育制度を調べた。英国の生理学や薬理学はかなり進んでいた。特に生理学の領域では、ドイツより優れていた。

ロンドン市内の医科大学は、ロンドン大学を除き、病院が先に開設されてからできたものである。その中の一校は女子医科大学で、二人の男性以外は、教鞭を執るのもすべて女性であった。

英国遊学を終えた杜聡明は、再度パリへ行って、約七カ月間留まり、パリ大学薬理学教室で研究の傍ら、医療施設を見学して歩いた。また、フランス語を受講したが、個人でも別の教師について会話を習った。

一九二八年三月、二年四カ月にわたる歴訪の旅を終えた杜聡明は、パリを離れ、マルセイユから箱崎丸でスエズ運河を経て、基隆港へ向かった。

台北更生院　総督府は台湾を領有して以来、アヘンの禁絶に腐心していた。総督府がアヘンの専売制度を施行した目的は二つあった。それは、専売の収入を総督府の主な財源にするとともに、台湾在住の日本人をアヘンの汚染から守ることであった。そこで、罌粟《けし》を台湾で栽培させず、専ら生《しょう》アヘンを輸入して専売局でアヘン煙膏に加工していた。アヘン煙膏は、仲買業者を経て小売業者が特許鑑札の所持者に販売する。特許鑑札の所持者が最も多いときは、十六万九千六十四人に上り、これは総人口の六・三パーセントに当たっていた。
台北愛愛寮は、篤志家施乾《しけん》（一八九九―一九四四）が浮浪者を収容するために創設した施設である（九九頁参照）。収容された浮浪者の中にはアヘン・モルヒネ中毒者が多く、治療のすべがなかった。例えば、大稲埕のある商人は淋病にかかり、モルヒネの注射をするようになった。そのうちに量が増え、一日に塩酸モルヒネ五グラム、塩酸コカイン五グラムを注射せずにはいられなくなった。ついに全財産を使い果たした商人は浮浪者にまで落ちぶれ、愛愛寮に助けを求めた。

杜聡明は施乾の了解を得て、愛愛寮のアヘン中毒者を治療しながら調査研究をした。一九二九年三月十日、杜聡明によるアヘン中毒者の治療が始まった。アヘン中毒の療法には禁断療法と漸減療法とがある。杜聡明は禁断療法と漸減療法の中間療法を行ない、アヘンの代わりに塩酸モルヒネを主成分とする薬剤を投与したので、中毒者は禁断症状で苦しむことなく、早く治った。

この年の四月、堀内校長の推薦で、杜聡明は台湾総督府専売局の嘱託になった。当時、朝鮮や満州ではモルヒネの密輸が横行し、中毒者が溢れていた。同年六月、杜聡明は朝鮮や満州・中国でのアヘン・モルヒネ中毒者の実態調査を命じられた。八月に、その調査結果を専売局に提出し、アヘン中毒者の矯正治療の必要性について建議した。愛愛寮での杜聡明の研究成果が認められ、総督府は矯正治療に踏み切った。そして、年末に杜聡明を総督府警務局の嘱託に任じた。

翌年の二月十九日から十二日間、国際連盟の極東アヘン問題調査委員会が台湾へ視察に来るという知らせが入った（五四頁参照）。そこで、一行に見せるため、設備の整った施設が当局にとって必要となった。急遽、一月十五日に中央研究所衛生部マラリア治療所の病棟を借り、僅か三十床であったが矯正所を設け、アヘン中毒者の矯正治療が始められた。台湾人は杜聡明の官位を誇りとしていたので、にわか仕立てであることは調査委員に伏せていた。臨時に造った矯正所は三月二十八日には閉鎖されたが、閉鎖と同時に総督府は正式に治療できる施設の物色を始めた。その結果、大稲埕日新町にある開業医林清月《りんせいげつ》の診療所に、四月一日から台北更生院が新たに開設された。総督府は下条久馬一を院長に据えたが、その管理と運営は医局長の杜聡明に一任されていた。地方の総督府立病院にも矯正科が設けられ、杜聡明の治療法に基づいた矯正治療が行なわれた。

杜聡明の薬理学教室は二十数人の陣容が整い、優秀な教室員を台北更生院へ送って治療に当たらせた。治療の成果をまとめた文献は、貴重なものであった。特に、アヘン中毒者の死因や死亡率、犯罪状況に関する資料は、麻薬研究者の称賛を浴びた。世界でも稀な、母体に起因する新生児のアヘン中毒者が十数例も報告された。

杜聡明は、世界で初めて尿中からモルヒネ成分を検出することに成功し、これは中毒者の鑑別診断に役立った。現在、警察が中毒者の検挙に利用している検査法はこれに基づいている。杜聡明は、これらの研究成果を内外の医学会で発表した。

台北更生院における矯正治療は、外界との隔離が厳密であった。字の読めない者が多かったため、院内に芙蓉国語講習所を設け、僅か数週間の矯正入院で、患者が簡単な計算や文字、姓名を書くことができるようにさせた。

台北更生院の全職員は、アヘン中毒者から金品を受け取らないように規制されていた。あるとき、日本美術展に入選したこともある日本人の中毒者が入院してきた。矯正治療は順調に進み、退院のさい、この患者は感謝の印として一幅の油絵を差し出したが、台北更生院では前例がないといって受け取らなかった。十数年間、この規則は守られた。

総督府のアヘン中毒者根絶は、領有五十年目を目途にしていたが、財政上の理由と太平洋戦争末期の混乱で、計画は予定どおりに進まなかった。目標の年に日本が敗戦し、台湾は中国に復帰した。台北更生院は台湾省立戒煙所と改称され、杜聡明が所長を引き継いだ。中断されていた矯正治療を続け、一年後には完全にアヘン中毒者がいなくなった。

このような成果を収めることができたのは、特許鑑札制度と矯正治療が功を奏したからである。植民地下における統治者と被統治者の間には、民族間の葛藤が渦まいていた。だが、台北更生院では問題はなかった。信望のある医者も治療を受ける者も、すべて台湾人同士であったからである。

一方、中国大陸では、依然としてアヘン中毒者が後を絶たなかった。その背景には相次ぐ列強の侵略、租界や租借地に絡む国際問題があり、特に日中戦争の最中、日本軍占領下の地域で日本の官民がアヘンを密売していたので、台湾とは状況が違っていた。

台北帝国大学教授　日本統治下の一九二八年春、台北帝国大学が開設された。一九三六年一月七日になって漸く医学部が増設され、三田定則が医学部長に就任し、全国から優秀な医学者を厳選して教授や助教授に招いた。森鷗外の長男森於菟《もりおと》も、教授陣の一人に選ばれた。

杜聡明は、森島庫太の推薦と東京帝国大学の林春雄教授の賛同を得て、薬理学の教授に抜擢された。ところが、台湾出身で医学校しか出ていないこと、東大閥でないことを理由に、学内から異議を唱える者があった。

京城帝国大学のある教授は、台湾人を教授に任じると、朝鮮人の処遇に問題が起きると懸念した。結局、翌年の七月に学閥やあらゆる偏見を乗り越えて、杜聡明は教授に就いた。これは、日本統治下における台湾人として最高の官位であったから、本島人に大きな希望をもたらした。

その傍ら杜聡明は、台湾産毒蛇の毒物作用についても、系統立てて研究を進めていた。蛇毒の作用を明らかにし、蛇咬傷の治療法を確立し、台湾コブラと雨傘蛇の蛇毒は、中枢神経を麻痺させる作用があることを突き止めた。またパパイアの葉から、有効成分であるカルパインを抽出し、アメーバ赤痢の治療に役立てた。塩酸エメチンが品薄の戦時下において、カルパインは著しい効果を上げた。杜聡明の退官後、門下生の李鎮源《りちんげん》教授が薬理学教室の後を継ぎ、世界屈指の蛇毒の研究者として知られている。

終戦直後、台湾島民の動揺は大きかった。ある日、学内で一寸した揉め事が起きた。数人の学生が「台北帝国大学医学部」という門標を外して持ち去ったのである。その様子を二階の窓から目撃した医学部長の森於菟は、注意を与えようと学部長室を飛び出した。それを杜聡明教授が引き留めて言った。

「学生たちは、今気が立っているから、日本人のあなたが出ていくのはよくありません。わたしが説得してきましょう」

この時点では、森於菟はまだ医学部長であったが、敗戦国の日本人が出ていっては却って学生を刺激することになる。それで、杜聡明が説得に努めたのである。

台湾が中国に復帰して、台北帝国大学医学部は国立台湾大学医学院と改称された。その年の十月二十五日、台北市公会堂で台湾総督府の投降式典が行なわれた。杜聡明は中国側代表の一人として、この式典に参列した。

台湾には機関の長の経験者が少なかったため、人々を統率できる人材を台湾人から発掘することは難しかった。そこで、杜聡明は国立台湾大学医学院長に任命されたほか、十数カ所の医療施設の長をも兼ねた。国立台湾大学医学院の教官は、留用の日本人教授を顧問に招き、台湾出身者を講師や助教授に起用した。

杜聡明は、台北帝国大学医学部と日本赤十字社台湾支部の接収を命じられた。接収に先立って、日本人教官個人の書物や私物の持ち出しを許したが、日本へ持ち帰ることができる財産は制限されていた。

森於菟医学部長の個人財産の中には、父森鷗外の記念品や書籍なども含まれていたが、かなりの量になるので、一部しか持って帰れなかった。これらの記念品は、森於菟が一九三六年二月に着任するとき、東京から持ってきたものであった。森鷗外の愛蔵品や遺稿などが大きな木箱に数個もあって、すべてを台北へ運ぶというのは、当時ばかげているかに思われた。しかし、台北へ運んだことで空襲による焼失を免れたので、森於菟の判断は正しかったといえる。

森於菟が日本へ引き揚げてから、台湾に残した財産は門下生の蔡錫圭《さいしやくけい》によって保管されていた。その間、杜聡明と蔡錫圭は台湾当局と交渉を重ねて、一九五三年九月に漸く森於菟のもとへ送り返された。これらの記念品は、現在も東京の文京区立鷗外記念本郷図書館に収蔵されている。

二・二八事件が起こったとき、事件と全く関わりのなかった杜聡明も逮捕者名簿に載せられ、友人の助けを得て難を免れたものの、医学院長の座を下ろされた。やがて台湾省行政長官の陳儀が更迭されて事実が明らかになり、杜聡明は一年四カ月ぶりに復職した。この事件で留用日本人教授が予定より早く日本へ返されたため、台湾の医学教育に支障が起きた。杜聡明は、日本留学から帰ってきた台湾出身者を起用して、困難な局面を切り抜けた。

この時期、台湾の学校では北京語で講義が行なわれることになっていた。杜聡明は、北京語が堪能であったが、わざと台湾語で薬理学の講義をしていた。医学院の学生は、ほとんど台湾人だったので問題はなかったが、大陸出身の学生で台湾語を知らない者がいた。その学生は、「北京語で講義していただけませんか」と、杜聡明に頼んだ。だが杜聡明は、「台湾人のわたしも苦労して北京語を学んだ。きみはまだ若いのに、なぜ台湾語を覚えようとしないのか」と答え、敢えて北京語を使わなかった。杜聡明は、台湾人としての誇りを守りたかったのであろう。

台湾の医学教育が安定してきた一九五〇年、杜聡明はＷＨＯ（世界保健機関）の招きで欧米視察に旅立った。

まず、米国財務省麻薬局長アンスリンジャーを訪れた。杜聡明は、依頼を受けて、「台湾におけるアヘン中毒者の死亡原因と死亡率について」と題する講演を行なった。

米国視察を終えた杜聡明は欧州へ向かい、ジュネーヴに立ち寄って、WHO本部に視察の結果を報告した。その後、ドイツとフランスを回って、パリから帰途に就いた。こうして、七カ月間の欧米視察を終えた杜聡明は、台北に帰った。

私立高雄医学院　六十歳になった杜聡明は国立台湾大学医学院長を退官した。復帰後、台湾の医学界では既に私立医科大学設立の動きがあった。最初に、黄朝清《こうちようせい》が台中で私立東寧医学院の設立を計画した。黄朝清は自ら設立委員会委員長を務め、一九四六年十月に杜聡明を顧問に招いた。ところが、二・二八事件のため、この計画は流れてしまった。その後、ほかからも私立医科大学設立の要望があったが、いずれも実現しなかった。

たまたま、高雄に用地を提供したいという陳啓川《ちんけいせん》が現れた。杜聡明は、台北から高雄へその用地を見に行って満足した。用地は確保できたが、建設資金がないので、杜聡明は教育部長（文部大臣）張其昀《ちようきいん》を訪れた。

杜聡明が私立高雄医学院の創設を熱心に交渉したので、張其昀は賛同したうえに杜聡明に学術審議会常務委員の職位を与え、年内に設立を認可することを約し、担当係官を呼んで、便宜を図るよう指示した。

このように、容易に認可が下りたことは、各方面から批判を呼んだ。とりわけ、医学界の長老である劉瑞恒《りゆうずいこう》は、設備もない状態で医科大学を運営できるわけがないと当局に投書した。

杜聡明は人材や資金集めに奔走し、幾多の曲折を経て私立高雄医学院が発足した。数年後には順調に発展したので、張其昀は先見の明があったと称えられた。杜聡明は心血を注いで、私立高雄医学院の運営を軌道に乗せ、医学教育の灯を点し続けた。

　杜聡明は七十歳になり、古稀を迎えたとき、「古稀感懐」と題して、次のようにその喜びを詠んだ。

古稀感懐　一

愛惜光陰不秒輕
一生樂學理求明
雖無多少功存世
老馬長途盡力行

光陰《こういん》愛惜《あいせき》す　秒《びょう》も軽《かろ》からず
一生《いっしょう》　学《がく》を楽《この》み　理《り》　明《めい》を求《もと》む
多少《たしょう》の功《こう》　世《よ》に存《そん》ぜざると雖《いえど》も
老馬《ろうば》　長途《ちょうと》　力《ちから》尽《つ》くして行《ゆ》かん

古稀感懐　二

七十年來此世生
青雲雄志半無成
辛酸榮樂皆嘗過
只有丹心照夕情

七十年来《しちじゅうねんらい》　此《こ》の世《よ》に生《う》く
青雲《せいうん》の雄志《ゆうし》　半《なか》ば成《な》らず
辛酸《しんさん》　栄楽《えいらく》　皆《みな》嘗《な》め過《す》ぐ
只《た》だ丹心《たんしん》有《あ》り　夕情《せきじょう》を照《て》らす

古稀感懐　三

報恩父母健吾身
七十星霜盡苦辛
松柏屯山欣並茂
孫枝十八茁芽新

父母《ふぼ》に報恩《ほうおん》す　吾《わ》が身《み》を健《すこ》やかにしたる
七十《しちじゅう》の星霜《せいそう》　苦辛《くしん》を尽《つ》くす
松柏《しょうはく》　屯山《とんざん》と並《なら》び茂《しげ》るを欣《よろこ》ぶ
孫枝《そんし》　十八《じゅうはち》　茁芽《さつが》新《あら》たなり

かつて結婚の条件の一つであった、漢詩を作るという約束を見事に果たしたのである。杜聡明は晩年に詩作を始め、折に触れて数多くの詩を詠んだ。

杜聡明は、高雄医学院設立十二年目にして院長の座を後進に譲ったが、完全に医学教育から退いたわけではなかった。一九六七年三月十六日、教育部長に日本や欧米へ医学教育の視察を命じられた。

翌年十二月二十五日、日本政府から勲二等瑞宝章を受けた。この叙勲は、長年にわたって台湾医学会会長を務め、日本との医学交流に貢献した杜聡明の功績が認められたものである。

杜聡明は幼少のころ体が弱かったので、健康保持に気を配っていた。ラジオ体操・棍棒・水泳・冷水浴・登山などで体を鍛え、特に朝の体操と冬の水泳を欠かさなかった。そして、タバコは吸わず、深酒をせず、規則正しい生活を心掛けていた。

一九八三年夏から杜聡明は体調を崩し、療養生活に入ったが、二年半の闘病の末、九十二歳の長寿を全うした。台湾医学界では、杜聡明を教授の中の教授、名医の中の名医、学者の中の学者と称えた。

七、民族資本家の登場——悲劇の銀行家、陳炘

日本留学　台湾金融界の先駆者陳炘の生涯は、台湾史の転換期に当たっていた。生まれたのは日本領有の二年前、殺害されたのは台湾が中国に復帰して二年後であった。その生涯は、下関条約以来の台湾知識人の悲劇の縮図と見ることができる。

陳炘は清の徳宗の光緒十九年（一八九三）十二月二十日、台湾の大甲の社尾に生まれた。曾祖父陳観《ちんかん》は仁宗の嘉慶年間（一七九六―一八二〇）、大陸で飢饉に遭い、福建省泉州市から五男一女を連れて台湾へ渡った。一族はそれから数十年間、豊原渓州底に住んでいたが、その子供たちの代に大甲社尾に移り、五人兄弟はそれぞれ独立して富を得た。三男の陳全《ちんぜん》が陳炘の祖父に当たる。

陳炘は幼い頃から漢学を学び、大甲公学校を経て、台湾総督府国語学校を卒業した。卒業後、故郷の大甲公学校で教鞭を執ったが、勤務年限に満たないうちに日本留学を志し、給付されていた官費を返済して教職を辞め、慶応義塾大学に学んだ。

日本留学の期間中に、陳炘はほかの台湾人留学生たちとともに民族運動の幕を開いた。社会の大変動に伴い、陳炘も時代の潮流に乗らざるをえなかったのである。一九二〇年一月十一日、蔡

恵如は、台湾人留学生を集めて東京で新民会を結成した（三九頁参照）。

新民会発足後、陳炘は『台湾青年』の経営と編集に携わり、創刊号に「文学と職務」と題する一文を載せ、台湾文学の重要性を唱えた。

この年、東京で三百余人の留学生が集まって新民会の秋季大会が開かれ、台湾の諸問題について討論した。折しも中国では直隷（河北）・山東・河南・山西・陝西の五省の三千余万の民が旱魃に喘いでいた。そこで、大陸の情勢にも関心を寄せていた陳炘は救済募金を提案し、満場一致で可決された。

在学中から民族運動に加わっていた陳炘について、張深切《ちょうしんせつ》は『里程碑』の中で、次のように記述している。

「陳炘は、若いころから老成した人物であった。真面目な学生で、慶応義塾大学在学中から民族運動に加わっていたが、学業を疎《おろそ》かにすることはなかった。わたしが中学生のとき、十一、二歳上の陳炘は大学生であった。才能と知性に恵まれ、貴公子のような清々しい容貌を備えていた」

一九二一年四月、大学を卒業した陳炘は帰台し、台南の名門出身の謝石秋《しゃせきしゅう》の娘謝綺蘭《しゃきらん》と結婚した。

東京から来た紳士　陳炘は、結婚しても向学心を失うことがなかった。一九二三年、単身で米国へ渡ってアイオワ州のグリンネル大学へ進み、一年後に妻を呼び寄せた。この大学には数人の中国人留学生が在学しており、その中には後の台湾省主席呉国楨《ごこくてい》もいた。

グリンネル大学の一九二四年度の学生録は、陳炘について次のように紹介している。「陳炘は東京から来た紳士で、四海兄弟《しかいけいてい》の気概を身につけた青年である」大学では東京の紳士といわれ、日本国の旅券を持ちながら、学生録の本籍欄には中国厦門と記されている。これを見ても、陳炘の民族意識がいかに強かったかがわかる。陳炘はグリンネル大学には一学期在籍しただけでコロンビア大学へ転学し、経済学修士課程へ進んだ。

コロンビア大学には、中国から多くの学生が勉学に来ており、中国学生会が組織されるほどであり、陳炘も日本国籍でありながら、この会に加わった。一九二二年から一九二三年の中国学生会の会員は、百五十八人に達していた。

これらの留学生は、後に中国へ帰り、重要な地位に就いて社会に尽くした。例えば、五・四運動（一九一九年、北京から中国全土に波及した民族運動）の領袖羅家倫《らかりん》、国民党の要人邵元沖《しょうげんちゅう》や陳公博《ちんこうはく》、哲学者馮友蘭《ふうゆうらん》、社会学者孫本文《そんほんぶん》、東呉大学学長桂崇基《けいすうき》などである。陳炘も当然のごとく、台湾に帰って財界の大立者となった。

金融界の先駆者　一九二五年、コロンビア大学で修士号を取得した陳炘は台湾へ帰った。そのころ、台湾では民族運動が盛んで、林献堂や蔣渭水らの導く台湾文化協会が文化啓蒙を展開していた（四九頁参照）。陳炘は、東京の新民会で知遇を得ていた林献堂から、夏季学校の第二回講習会の講師に招かれ、経済学の講義を行なった。しかし、陳炘は文化運動より台湾の金融事業の開拓に力を入れようと考えていた。

当時、台湾では日本領有前からあった媽振館（金融機関）や匯兌館（為替業務を行なう機関）などが、時代の変遷によって経営を維持できなくなり、ついに信託会社へと改組していた。一九二〇年には、金融や拓植と名のつく信託株式会社は二十四社に上り、大半の株主は地主や商人であったが、これらの資本の累積にもかかわらず、日本人が企業を独占していたため、島民の民族資本は成長しなかった。

そこで陳炘は、林献堂と協力して大東信託株式会社を誕生させた。この会社は島民の経済利益と民族運動の資金援助を目的とするものであったので、政治的色彩が濃いと総督府に非難され、日本人金融業者にも妨害されたが、困難を切り抜けて一九二七年に開業した。

大東信託株式会社の資本金は二百五十万円で、台中市に本店を、台北市と台南市に支店を置いた。役員は中部に住む地主たちで、台湾文化協会の支持者であった。林献堂は社長に推され、陳炘自らは専務取締役に就いた。

大東信託株式会社は台湾経済を自衛する中枢機関となり、民族運動を支援する金庫となった。総督府は、この金融機関の発展を快く思わなかった。それを『台湾民報』は、次のように記している。

「台湾の重要な金融機関で、日本人に操られていないものはない。だが大東信託株式会社の株主が知識人ばかりなので、台湾人の勢力が財界に及ぶのではないかと当局は恐れている。日本人の企業が特権を独占できなくなるからである。

これまで島民が預けた各銀行の金は、大半が日本人の企業の運営資金に当てられていた。もし、大東信託株式会社が島民の預金を多く集めることになれば、日本人の企業は大きな痛手を受けることになる。だから、陳炘の事業にはなにかと障害が多かった」

台湾には信託業法がなく、一般の信託会社に対する管理は緩やかだった。ところが、大東信託株式会社が株券を発行して以来、当局は態度を変えて管理を厳しくし、信託株式会社を非合法の組織と見做し、圧力をかけ始めた。

葉栄鐘は、次のように記述している。

「それまで、台湾には信託業法がなく、大東信託株式会社は合法的な地位が得られなかった。そのため、金融業としての機能を発揮できないばかりか、営業上の制約を受け、税法上も甚だ不利であった。ゆえに、信託業法の施行を促進することが、唯一の活路であった。もし、日本人金融業者が強く反対しなければ、当局も時期尚早という理由で、信託業の制度化を堅く拒むことはなかったであろう。陳炘はこれほど心血を注いだ信託会社を、法的に認めさせることができなかった。当局が、いかに台湾人の経済活動を圧迫していたかが窺われる」

陳炘は大東信託株式会社の経営に当たり、金融業者としての原則を堅く守っていた。張深切は『里程碑』の中で、次のように回想している。

「大東信託株式会社の創設以後、わたしは陳炘と会う機会が多かった。あるとき、友人から大東信託株式会社からの借款の返済期限延期の仲介を頼まれて、陳炘にかけ合ったが、聞き入れてくれなかった。そこで、更に粘り強く陳炘に迫り、『友人は、かつての民族運動の同志で、少し期限を延ばしてもらえば返済できるし、わたしが保証人になる。そんなに強く催促することはなかろう』と詰め寄った。すると陳炘は、『金融業を営む者が人情で手心を加えれば、事業を破滅させることになる』と言った。わたしは、承服できずにこう言った。

『この事業は島民の利益を図り、同志を保護するために設立したのではなかったか。これでは、なんの意味があろうか』

陳炘は返答に窮し、眼を赤く潤ませて答えた。

『きみは、公私をはっきりと分けていない。金融業務には、絶対に私情を挟《さしはさ》んではならないのだ。一旦そうすると、事業が成り立たなくなる。これは金融界の鉄則で、きみは経験がないし、微妙な内幕を知らないのだ』

陳炘とわたしとは、考え方に開きがあった。だが、陳炘はある大きな偉業をなし遂げた。

米価が下落したとき、林献堂は台湾銀行から負債十数万円の返済を迫られていた。総督府は台湾議会請願運動を制圧するため、厳しく取り立てて、林献堂の資産を差し押さえるよう銀行に指示した。そのとき、陳炘は大東信託株式会社から巨額の融資をして、林献堂の急場を救った。この一件は、総督府が台湾銀行に圧力をかけて行なった策略であったが、陰謀は失敗して、林献堂に対する戦術を変えざるをえなかった。金融界の領袖ともいえる陳炘は深慮遠謀で、人々を統率する才能に恵まれた不世出の偉人であった」

大東信託株式会社の経営は、創設以来、信託業法の実施もないままに、当局の圧制の下で惨憺たる状態であった。それでも、一九三四年に生き残っていた島内の信託会社五社のうち、規模が大きかったのは大東信託株式会社であった。

一九四四年五月に、高橋財務局長は陳炘に対し、屏東信託・台湾興業信託と合併すれば、信託業法を実施してもよいと示唆した。資本金総額は一千万円、うち合併する三社が四百五十五万円、台湾銀行は五百四十五万円出資する予定だというのである。

結局、八月に総督府は信託業法を実施し、大東信託・屏東信託・台湾興業信託が合併して、台湾信託株式会社が発足した。発行された二十万株の内訳は、台湾銀行八万、大東信託五万、屏東信託二万一千、台湾興業二万、商工銀行一万、彰化銀行一万、華南銀行九千株であった。台湾銀行から社長を迎え、陳炘は専務取締役に就いた。

皇民奉公会　台湾に戻って以来、陳炘は日本の統治に対して、文化協会左派や農民組合、台湾共産党のような過激な抵抗をするわけでもなく、穏当な態度をとってきた。それでも総督府はあらゆる手段で陳炘に圧迫を加え、懐柔政策で籠絡して、一九三〇年陳炘を台中州協議会会員に任命した。一九四一年になると、総督府は皇民化運動を推進し、陳炘も皇民奉公会中央本部委員兼本部局付、台中支部生活部長に任じられた。

当時、総督府に迎合して、皇民奉公会の幹部の座に就いた御用紳士が多かったが、すべての幹部が自ら迎合したわけではない。民族運動を導いてきた林献堂でさえ、不本意ながら皇民奉公会の幹部に任命されたほどである。陳炘の場合も林献堂と同じ立場で、次に述べるように、それまでの民族運動との関わり方を見ても、御用紳士でなかったことがわかる。

一九二八年七月、台湾民衆党の第二回党員大会で、陳炘は新しくできた経済委員会の委員に選ばれた。一九三〇年四月に、陳炘は台湾自治連盟結成の準備会に加わり、一九三二年七月には台湾米移入制限反対同盟の代表に選ばれ、八月に十二人の代表とともに東京へ陳情に赴いた。

一九三四年四月二十日、林献堂は陳炘・葉栄鐘・荘遂性《そうすいせい》・洪元煌・張煥珪《ちようかんけい》らを大東信託株式会社に集め、元総督伊沢多喜男から質問された「台湾統治失政の原因と実例」について、意見を述べ合った。その結果、民族的差別、経済的圧迫、待遇および教育の不平等などを挙げて、台湾統治の失政として訴えた。これらのことから、陳炘には総督府に迎合する意思がなかったことがわかる。

悲劇の伏線　太平洋戦争の終結によって台湾は中国に復帰した。島民は五十年にわたる異民族の統治から解放され、旱魃後に雨雲を望むような心情で祖国への復帰を喜んだ。中国の内情を知らない島民は、大陸の官民や国民党軍を心から迎えた。

各地の街頭では国民政府を歓迎する準備が進められ、陳炘が発起人となって、林献堂・葉栄鐘らの有志が協力した。中華民国の国旗を大量に作って実費で民衆に譲り、国歌の練習をさせ、歓迎の垂れ幕を掲げ、治安維持に努めた。

九月六日、軍事委員会委員長蔣介石の命を受けた何応欽から安藤利吉総督に宛てて、九月九日南京における日本受降式典に林献堂・陳炘ら六人を参列させるよう通知があった。そこで、陳炘らは日本軍が用意した軍用機で南京へ向かい、当日受降式典の会場まで案内してもらったが、日本軍が到着時間を故意に遅らせたため、式典に間に合わなかった。

一方、『林献堂年譜』によると、受降式典に参加できなかった理由を次のように記している。九月八日、林献堂・陳炘らは南京に着くと、第十方面軍参謀長諫山春樹に面会した。諫山春樹は、台湾軍を代表して受降式典に出席するから、陳炘らは参列しなくてもよいと告げた。式典の翌日、林献堂・陳炘ら一行が何応欽を訪ねると、「なぜ、昨日の受降式典に出席しなかったのだ」と訊かれ、初めて謀られたことを知った。何応欽も甚だ不快であったが、陳炘に現在混乱している台湾経済を整えるよう依頼した。

九月十三日、一行は上海から日本の軍用機で台北に着いた。九月二十日、台中で一行の帰台報告が行なわれた。その中で、林献堂が不用意に上海の物価が高いと述べたため、翌日から台湾の物価が高騰した。

陳炘も浙江財閥（四大家族）の暴利を指摘し、それに対抗するには、台湾の企業が発奮しなければならないと訴えた。後に、陳炘が大公司を創設したのも、そのためだといわれている。これらの行為が浙江省出身の陳儀《ちんぎ》の逆鱗に触れたことから、陳炘の悲劇が始まった。

十月二十四日、陳儀は台湾省行政長官に任命され、総督に代わって台湾の支配者となると、数カ月も経たないうちに権力を発揮し、許丙ら台湾の識者十数人を逮捕した。

終戦直後に、許丙・辜振甫・簡朗山・林熊祥らが日本の少壮軍人とともに台湾独立を企てたが、未遂に終わったことがある（四六頁参照）。陳炘は全く関与していなかったが、許丙らと結束していたと疑われ、一九四六年三月二十一日に保安司令部に拘留された。数カ月前から祖国歓迎の準備に奔走していた陳炘にとって、祖国の獄に繋がれるとは夢にも思わぬことであった。友人の葉栄鐘は、次のような不満を漏らしている。

「陳炘は、抗日運動を強力に進めた代表的な人物の一人である。植民地の民族運動は、理論の宣伝から始まって、実際の活動に移行していくもので、台湾の民族運動も、この方針に沿って展開した。陳炘が大東信託株式会社を創設したのも、活動を実践に移した一端である。

陳炘は日本人金融業者と対等に戦い、その特権を意識的に打ち砕こうとした。そこで、金融界の大物たちは団結して、陳炘の事業を瓦解させようとした。このような人物を御用紳士と同一視して拘留するのは、玉石混淆というものではなかろうか」

陳炘が獄中で詠んだ詩の中から、心情をよく表している二首を挙げてみよう。

拘《こう》せらる

平生暗涙故山河　　平生《へいぜい》暗涙《あんるい》す　故山河《こさんが》
光復如今感慨多　　光復如今《こうふくじょこん》　感慨多《かんがいおお》し
一籲三臺齊奮起　　一《ひと》たび三台《さんだい》を籲《よ》ぶ　斉《ひと》しく奮起《ふんき》し

歡呼聲裏入新牢　　歓呼《かんこ》の声裏《せいり》　新牢《しんろう》に入《い》る

家人《かじん》に寄《よ》す

出門誰料久分襟　　出門《しゅつもん》す　誰《たれ》か料《はか》らん　久《ひさ》しく分襟《ぶんきん》するを
裘葛更來恨轉深　　裘葛《きゅうかつ》　更《さら》に来《きた》れば恨《うら》み転《うたた》深《ふか》し
無限心思何日語　　無限《むげん》の心思《しんし》　何《いず》れの日《ひ》か語《かた》らん
蛾眉見嫉古同今　　蛾眉《がび》嫉《ねた》みを見《み》るは　古《いにしえ》　今《いま》も同《おな》じ

一カ月すると、陳炘は不起訴処分になり、釈放された。このことが、不穏な政情下で幸であったか不幸であったかは判断できない。もし、許丙らのように一、二年も入獄していれば、陳炘も翌年の二・二八事件に巻き込まれずに済んだであろう。

陳儀は支配者になって以来汚職が絶えず、台湾経済を壟断して私腹を肥やしていた。そのうえ、国民党軍の軍紀が乱れ、社会を不安に陥れた。祖国への復帰を心から歓迎していた島民は、期待を裏切られて失望し、それが絶望に変わり、絶望は怒りに変わった。邱念台は、「復帰して半年も経たないうちに、島民は絶望し、憂憤やるかたなく、大いに恐れている。中央政府は最初からそれに気づかず、頑迷な島民であると誤解している」と嘆き、島民と中央政府との意思の疎通を図るため、一九四六年六月から台湾復帰表敬訪問団の結成に奔走した（四六頁参照）。団員には、林献堂・陳炘・李建興《りけんこう》・林為恭《りんいきょう》・姜振驤《きょうしんじょう》・鍾番《しょうばん》・黄朝清・葉栄鐘・林叔桓《りんしゅくかん》・張吉甫《ちょうきっほ》・陳逸松《ちんいつしょう》ら各界の名士を集めた。

陳儀は表面上は結団を阻止しなかったが、失政を暴かれることを恐れ、出発が決まった時点で五項目の条件を示した。

一、かつて日本の貴族院議員を務めた林献堂を団長にしないこと。
二、拘留の前歴を持つ陳炘を団員にしないこと。
三、台北から南京へ直行し、上海に立ち寄って台湾人団体の招待を受けないこと。
四、廬山にいる蒋介石と会見しないこと。
五、西安へ行って黄帝陵を参拝する必要はない。

これを見ても、陳儀がいかに陳炘を嫌悪していたかがわかる。訪問団は方策を講じて、陳炘を財務委員として参加させた。

ところで台湾信託株式会社は、一九四五年十一月以来、当局の管理下に置かれていたが、翌年十一月一日に台湾信託公司として再開する準備が始まり、陳炘は準備会主任委員に任命された。陳炘が金融事業の経営手腕を発揮しようとした矢先、三カ月足らずで二・二八事件が起きたのである（一五二頁参照）。

八、巻き起こる新文学運動——台湾文学の父、頼和

漢学と医学を修める

頼和《らいか》は本名を河《が》、筆名を懶雲《らいうん》、甫三《ほさん》、安都生《あんとせい》、灰《かい》、走街先《そうがいせん》と称し、清の徳宗の光緒二十年（一八九四）四月二十五日、台湾の彰化に生まれた。その翌年に、台湾は日本の植民地となった。一九四三年に没するまで、頼和の一生は総督府の強権に苦しみ抜いた五十年であった。

頼和は幼いころから塾へ通って漢文を学び、九歳で公学校に入って日本教育を受けた。十三歳から小逸堂の黄倬其《こうたくき》に中国文学を学び、漢学の基礎を養った。一九〇九年五月、頼和は台湾総督府医学校に入学し、医学と並行して中国古典や新文学を学んだ。

あるとき、後藤新平が医学校に招かれて、学生に訓示を行なった。民政局長在任当時の話の中で、後藤は飴と鞭を使い分ける台湾統治や、島民の不平等待遇について弁明した。この訓示に学生は挑発され、「我々は、皇恩の下に一視同仁の慈しみを受けていると信じ、なんら差別を感じていなかった。ところが、後藤新平の訓話を聞き、改めて考えさせられた」と論議を引き起こした。

一方、高木友枝校長は、講義のたびに人間関係の大切さと、人格形成への努力を怠らぬように説いた。そして、毎年の卒業式には次のような訓辞を行なった。

「医者たる前に人間たれ。未完成の人間は、医者の責務を果たせない」

この二つの話は、頼和を民族意識と基本的人権の思想に目覚めさせた。

二十歳で医学校を卒業した頼和は、嘉義病院に二年勤めた後、郷里の彰化へ帰り、質素な自宅に医院を開設して、一家の暮らしを支えた。

頼和は、医徳と医術を兼備した名医であった。自宅で開業していたころは、毎日百人前後の患者を診ていた。本来なら、かなりの収入が得られるところだが、貯えはなかった。というのは患者の半数は貧しかったので、治療代をもらわなかったのである。しかも、収入の一部を民族運動と文化活動に当てていた。楊逵《ようき》（一九〇五―一九八五）が『台湾新文学』を創刊したときに、資金を援助したのもその例である（二一五頁参照）。

文化活動　一九一九年、中国で五・四運動が起こった。頼和は、その年の七月から廈門島の南西にある鼓浪嶼《コロンス》租界の博愛病院に勤め始めたが、在職中に五・四運動の新しい思想や文化に衝撃を受け、生き方を変えた。一九二一年には台湾文化協会に加わり、新文化運動の旗手となった。

このような先覚者は、日本統治下の強権には容認されず、牢獄と縁が切れないものである。一九二三年十二月に治警事件が発生すると（四〇頁参照）、当局は逸早く二十九歳の頼和を捕らえた。頼和が初めて投獄されたのはこのときである。獄中では仏典に親しみ、詩作に耽った。台中市の銀水殿に監禁されていたとき、「囚繋《しゅうけい》台中銀水殿」と題して三首の詩を作った。そのうちの一首を挙げてみよう。

一死原知未可輕　　一死《いっし》原《もと》より知《し》る　未《いま》だ軽《かろ》んず可《べ》からざるを
吾身不合此間生　　吾《わ》が身《み》　此《こ》の間《かん》に生《い》きるに合わず
如何幾日無聊裏　　如何《いかん》せん　幾日《いくじつ》か無聊《ぶりょう》の裏《うち》に
已博人間志士名　　已《すで》に人間《じんかん》に博《はく》す　志士《しし》の名《めい》を

出獄後、頼和は仏閣を訪ねて僧侶と交わり、仏典を読んだ。このころに作った漢詩「帰去来」「頂岩」「上円瑛大師」「老僧」「読仏経」には、仏法の理念がよく表れている。
台湾文化協会の会合に参加したさい、頼和は名園を鑑賞して次のような即興の詩を詠じた。

十載聞名未一來　　十載《じっさい》　名《めい》を聞《き》くも未《いま》だ一来《いちらい》せず
此來恰好看紅梅　　此《ここ》に来《きた》る　恰《あたか》も好《よ》く紅梅《こうばい》を看《み》る
溪山豈有歡迎意　　渓山《けいざん》豈《あ》に歓迎《かんげい》の意《い》有《あ》らん
特叫梅花爲我開　　特《とく》に梅花《ばいか》をして我《わ》が為《ため》に開《ひら》かしめん

詩人劫後多悲哀
合抱殘篇滿草萊
題碑儘有成名者
朽櫟雖多是棄材

詩人《しじん》　劫後《ごうご》に悲哀《ひあい》多《おお》し
合抱《ごうほう》の残篇《ざんぺん》　草萊《そうらい》に満《み》つ
題碑《だいひ》に儘《たと》い名《めい》成《な》る者《もの》有《あ》るも
朽櫟《きゅうりょう》多《おお》しと雖《いえど》も是《こ》れ棄材《きざい》なり

一九二五年三月十二日、孫文が北京で病死した。頼和は敬意を表し、次のような輓聯《ばんれん》（死者を悼む詞）を捧げた。

中華革命雖告成功
依然同室操戈
一統雄心傷未達
東亞聯盟不能實現
長使天驕跋扈
九原遺恨定難消

中華革命《ちゅうかかくめい》　成功《せいこう》を告《つ》ぐと雖《いえど》も
依然《いぜん》　同室操戈《どうしつそうか》す
一統《いっとう》の雄心《ゆうしん》傷《あわ》れむは未《いま》だ達《たっ》せず
東亜聯盟《とうあれんめい》　実現《じつげん》する能《あた》わず
長《なが》く天驕《てんきょう》をして跋扈《ばっこ》せしめ
九原《きゅうげん》の遺恨《いこん》　定《さだ》めし消《き》え難《がた》し

寥々たる聯句に、中国の将来を憂い、列強を譴責する沈痛な深い悲しみが滲み出ている。

十月、台湾における農民運動の第一号となった蔗農の二林事件が起こった（四一頁参照）。頼和は、「覚悟の下の犠牲——二林事件の戦友に寄す」という詩を作って同志を励ました。

頼和は反抗の正義を肯定するばかりでなく、積極的に反抗精神を鼓舞した。これは頼和の正義感の表れであった。頼和の詩の代表作には、「流離曲」「南国の哀歌」がある。前者は、開墾した土地を退職した官吏に奪い取られ、天に向かって抗議の叫び声を上げている農民の姿を描き、後者は、霧社事件（五六頁参照）の犠牲者の英霊を哀悼し、行動の意義と価値を称えている。これらの詩は気概に満ちており、人々の心を揺さぶった。

台湾文学界の領袖　幼少から培った漢学の知識を駆使して、二十三歳で漢詩「舟　泉州に入る」を作って以来、頼和は文学者としての活動を続けた。頼和は、新時代が来れば、それに相応する文学の新しい形式が必要であると理解していた。

文学は特定の階級だけのものではないと考えた頼和は、大衆にも受け入れられる白話（口語）文を広めようと努めた。そして、台湾の新文学に初めて鋤を入れ、一粒目の種を蒔いた。文学の各種の類型を試みて開拓に勤《いそ》しみ、三十一歳のときに初めて白話文で「無題」という随筆を書いた。張我軍《ちょうがぐん》、蔡孝乾《さいこうけん》らが新文学の旗印を掲げたとき、頼和は既に白話文の創作を完成させていた。

一九二六年一月一日に、頼和は小説「闘鬧熱」を発表した。これは神事の盛大さを競う流弊に託し、島民の浪費や蛮勇に媚びる愚かさを批判し、楊雲萍《よううんへい》の「光臨」とともに日本統治下の台湾新小説の濫觴《らんしょう》となった。

頼和による十九篇の小説と随筆・雑文・詩などの作品は、李南衡《りなんこう》編『頼和先生全集』に収められている。頼和の小説は、民族意識に満ちていて反権力的な色彩が強く、その中には深沈たるヒューマニズムが流れている。多方面の現実を素材に用い、農民・庶民・商人・婦女・警察・製糖会社・資産階級などに関する問題を取り上げている。

頼和は終始被抑圧民族の立場から、人々の苦しみや人権蹂躙、経済搾取などの迫害を訴え続けた。例えば、「一桿称仔」「辱」「惹事」「豊作」などの作品にその心情がよく表れている。また、強権に支配され続けて、臆病になってしまった島民の苦衷を描いた作品には「蛇先生」「不如意の正月」がある。

新旧文学の移り変わる中に身を置いて、世界の優れた文学や、一九三〇年代の中国文学の精髄を汲み取った頼和は、それを写実主義的な姿勢で文学に反映し、諷刺的な筆致で描いた。

人権と尊厳は、人類の天賦の権利であり、支配者に廉価で取り引きされるものではなく、闘争して取り返すものでもない。一人ひとりが犠牲者であることに目覚め、逆巻く怒りを爆発させて、不公平な制度に立ち向かわなければならない。頼和は、「一桿称仔」では無産階級、「惹事」では知識人、「善訟人の故事」では両者を対象にして覚醒と反抗を描き、思考を重ねていく歴程を示し、社会運動が個人から集団活動へ変遷していく過程を暗示している。

頼和は優れた作家であるばかりでなく、傑出した編集者でもあった。『台湾民報』『台湾新民報』『南音』『台湾新文学』などの文芸欄の主筆を受け持って、素質のある文学青年を発掘し、困難な状況を克服させ、文筆家への道を開いた。頼和が見出した楊逵・楊守愚《ようしゅぐう》・陳虚谷《ちんきょこく》・頼顕頴《らいけんえい》・

夢華《むか》・病夫《びょうふ》・存本《そんぽん》らは、台湾新文学の草創期から展開期への中心人物になった。

楊守愚は、頼和を次のように称えている。

「台湾新文学の開拓者で、台湾文学界の文士を育成した保母である」

『台湾民報』は頼和を、「中部の青年の中でも錚々たる人物で、最も熱心な台湾の社会改革者であり、それ相当の抱負と覚悟を有している」と評している。

死とその影響　戦時体制下で、総督府は思想家や知識人に対する弾圧を厳しくした。真珠湾攻撃の翌日、頼和は再び五十日間獄に繋がれたが、病気が重くなったので、翌年の一月に釈放された。出獄のときに、次のような詩を詠んで、自らを慰めた。

天欲予亡心肯死　　天《てん》　予《よ》に亡心《ぼうしん》　肯《あえ》て死《し》を欲《ほっ》せん
人云我枉法無威　　人《ひと》　我《われ》を枉法《おうほう》　無威《むい》と云《い》う
困窮猶喜詩情遠　　困窮《こんきゅう》すれども猶《な》お詩情《しじょう》遠《とお》きを喜《よろこ》ぶがごとし
磨折翻添賤體肥　　磨折《ませつ》すれば翻《ひるがえ》りて　賤《せん》　体肥《たいひ》を添《そ》う

闘病中の頼和は、日本軍国主義に最後の一瞥を与えた。それは限りない暮色の中に、未来の台湾の美景を描いた、「夕陽」と題した詩であった。

影漸西斜色漸昏
炎威赫赫竟何存
人間苦熱無多久
回首東方月一痕

影《えい》漸《ようや》く西《にし》に斜《かたむ》き　色《しき》漸《ようや》く昏《くら》し
炎《えん》威《い》赫赫《かくかく》　竟《つい》に何《いくばく》も存《そん》ぜん
人間《じんかん》の苦熱《くねつ》　多久《たきゅう》無《な》し
首《こうべ》を回《めぐ》らせば東方《とうほう》に月《つき》一痕《いっこん》

一九四三年一月三十日（一説には三十一日）、頼和は心臓病の発作のため、日本の敗戦を見ることなく、悲しみと失意のうちに急逝した。頼和の予測どおり、二年後に台湾は中国に復帰した。だが、島民は総督府の弾圧を越える陳儀の悪政に苦しみ、台湾の払暁を見るには至らなかったのである。

陳虚谷は、「懶雲兄を哭す」という詩の中で、医師としての頼和に対する感恩の気持ちをよく表している。

「先生は良医を志し、時弊を正そうとした。皆はその恩に感謝し、多くの貧しい病人が救われた。医業に従事して三十年間、生き返らせた人は数えきれない。患者の出入りは絶え間なく、衰えることがなかった。もし、ほかの医者なら富や権勢を得ていたであろう。先生は利益を得ることもなく、常に両袂に清風が吹き抜けていくだけであった。死後に名を留め、後人はその生涯を伝えていくであろう」

頼和の没後、ある人が頼和の墓地に生えている草を採って煎じて飲むと、病が治ったという。

また、頼和は高雄の鎮守の神城隍神《じょうこうじん》になったとも伝えられる。これらは荒唐無稽な話であるが、頼和がいかに慕われていたかが窺い知れる。

台湾の魯迅　日本統治下に誕生した台湾新文学運動は、一九二〇年代に始まり、四十年代半ばで終わった。頼和は、反日的・反封建的な思想を唱え、その作品は写実的・諷刺的・反権力的な性格を帯びている。その写実主義は、楊守愚・陳虚谷・王詩琅《おうしろう》らの継承者を生み、諷刺的な手法を継いだのは蔡愁洞《さいしゅうどう》・呉濁流《ごだくりゅう》（一九〇〇—一九七六）・葉石濤《しょうせきとう》らであり、不撓不屈の精神に鼓舞されたのは楊華《ようか》・楊逵・呂赫若《りょかくじゃく》らであった。

民族自決を追求し続けた頼和は、知行合一の理想を具有し、一代の名医と慕われる一方、王詩琅は台湾新文学の父と敬った。黄得時《こうとくじ》は『輓近台湾文学運動史』の中で、頼和を台湾の魯迅と称えた。二人の文学には風格があり、辛辣で諷刺的な手法や、ともに医学を学んだ点が共通している。また、頼和が台湾の、魯迅が中国の現代小説に影響を及ぼしたことでも共通している。

二人の死後、それぞれの評価や境遇には大きな開きがある。

魯迅は中国文学史上に揺るぎない地位を確立して、死後内外の高い評価を得た。

一方、頼和は一九五一年四月十四日に国民党の忠烈祠に祭られた。だが、共産党員だという濡れ衣を着せられ、一九五八年九月三日に忠烈祠から除名された。頼和が共産党員でなかったことを立証するため、有志はその全集を出版して証拠集めに奔走した。一九八四年一月十九日、頼和の汚名は晴れて、再び忠烈祠に名を連ねた。

頼和はインドのタゴールの詩集を読んで、哲学的な思想に共鳴した。「民主思想」「民族主義」のほか、儒家の「仁愛」、仏法の「慈悲」、タゴールに倣った「生の哲学」などの数首の詩を作った。これらは、人類愛や同胞愛、反強権などの思想の基礎を構成している。

李篤恭《りとくきょう》は、頼和を次のように評価した。

「『左伝』にいう三不朽——立徳・立功・立言に照らし合わせて、客観的に判断すると、頼和は極めて完璧な人である。貧しい患者を救った医徳は立徳に当たり、仁徳と英知で弾圧に立ち向かったことは立功に当たる。そして、台湾新文学や反封建、抗日運動は立言に当たる。頼和は、ガンジー、シュヴァイツァー、ヴォルテールの三人の優れた点を兼ね備えている」

九、日本統治下の民間福祉——社会事業のパイオニア、施乾

愛愛寮の創設者

浮浪者は一般に、不潔で貧しく、怠惰で病弱だと見做されている。世間はこの人たちを蔑視し、嘲笑って避ける。しかし、浮浪者に畏怖の念も抱かず、誠意をもって接した一人の青年がいた。これは、勇気と真心がなければ到底できないことである。

施乾は一八九九年、日本統治下の台湾台北州の淡水に生まれた。台北工業学校土木科を卒業すると、総督府商工課に技師として勤めた。当時、二十二歳で総督府に任官できる台湾青年はごく少数であった。在職中、万華の貧民の生活状況を調査しているうちに、浮浪者の困窮ぶりを目《ま》の当たりにした施乾は、惻隠の情を深くした。

実情を更に詳しく知るため、施乾は勤務を終えてからも万華へ通った。病人がいれば小遣いを捻出して治療を受けさせ、浮浪児には読書を勧めるうち、次第に友情が芽生え、救済活動に専念するため施乾は総督府を辞めた。

家人はこの選択に反対であったが、施乾の熱意に心を動かされて協力するようになった。一九二二年、施乾は私財を投じて万華に千坪の土地を買い入れ、有志の支援を受けて浮浪者の収容施

設愛愛寮を建てた。

当時、万華の竜山寺や大竜峒の保安宮に祭事があると、方々から浮浪者が集まってきた。施乾はこの機会を捉えて有志を伴い、浮浪者を愛愛寮に収容した。

施乾は自ら浮浪者の体の垢を洗い落とし、理髪させると、一室を与えて収容した。収容期間中に笠や鞋《くつ》の編み方、籐細工の技術などを教え、養豚や野菜作りをさせて自給自足の能力を培わせた。こうして、浮浪者が自立できるようになってから社会に復帰させた。

収容された者の中には、アヘン中毒者やハンセン病・精神病などの患者もいて、愛愛寮は総合的な救済施設となっていった。施乾と同郷の杜聡明が無報酬で定期的に診察に当たり、非常勤医師の張紹濂《ちようしようれん》・葉猫猫《しようびようびよう》らも診療を手伝った。このことは、後に杜聡明が全島のアヘン中毒者の矯正治療を総督府に建議する糸口となった（六七頁参照）。

ハンセン病患者は楽生院、アヘン中毒者は更生院ができるまで愛愛寮に収容されていた。両施設へ患者を移してから人数は減ったものの、それでも愛愛寮には二百五十人が在寮し、そのうち四十人余りは精神病患者であった。

浮浪者に関する著書　施乾は、恵まれない人々を哀れむ心境を綴って世間に協力を呼びかけ、問題を解決したいと望んだ。そして、日本語で『乞食とは何ぞや』『乞食撲滅論』『乞食社会の生活』を著し、世に出した。

識者は上流社会の生活に馴れ親しんでいるため、下層階級に気を配る者はごく少数である。身を挺して救済事業に努める者は更に少なく、特に浮浪者の救済を進んで実践する者は稀であった。施乾の著書を読めば、浮浪者の生活状況が手に取るようにわかり、そこには慈愛の精神がよく表れている。次にその概要を掲げてみよう。

一、一九二五年の台北市の人口は約二十万人で、そのうち浮浪者は約百二十人であった。基隆・新竹・台中・豊原・鹿港・嘉義・台南・高雄などの都市にも、常に十人以上が屯《たむろ》していた。台湾の総人口三百八十万人のうち、浮浪者は八百人から一千人を占めていた。

二、浮浪者の社会構成は、乞食頭が乞食衆を統率し、頭の下には二顕、三顕といわれる者がいて、通常は二顕が直接指揮に当たる。例えば、冠婚葬祭や寺院の祭事があるときには、二顕が先導して歩く。そして、浮浪者の社会を維持するため、乞食衆は毎月二、三十銭の上納金を頭に納めていた。浮浪者の中にも、勤勉な者がいる。怠惰な者は勤勉な者から施しを受け、賭博の好きな者は苦労して恵みを受けた銭を一瞬のうちに失う。

独身者は少なく、性欲が旺盛である。乞食頭は裕福で妾を囲い、官府と接触があり、この社会では厳然とした権威があって帝王と尊ばれている。一般社会と同じように、乞食社会も専制君主や上尊下卑といった伝統的な思想から抜け出せないのである。

三、浮浪者になった原因は、次の九項目にまとめられている。それは、貧困・疾病・性格の欠陥・身体障害・放蕩怠惰・天災人災・犯罪・麻薬中毒、親が浮浪者の場合である。中でも、病人と障害者が半数以上を占めていた。

四、浮浪者は賤しい者と見做されている。しかし俗に、「三日乞えば、終生止められない」といわれるように、要領さえ覚えれば餓死する心配はない。その真髄を会得すれば、業《ごう》を改めようとしなくなり、終生自由に放浪を楽しむ。

五、浮浪者を一人や二人救済したところで、完全になくすことはできない。社会全体の制度を改善し、福祉施設を充実させるのが肝要である。社会や個人が貧困者および障害者を軽蔑の目で見てはいけない。救済したからといって、恩を着せるような考え方をせず、平等や友愛の精神で取り組み、問題を解決しなければならない。

施乾は浮浪者の問題を解決すれば、資本主義体制は崩壊を免れ、社会・共産主義の拡大を防ぐことができると唱えた。

愛愛寮のその後　愛愛寮が設立された一九二〇年代は、自由思想が高まった時代であった。施乾は、当時の思潮を認識したうえで、仁慈や愛護の精神を出発点として、艱難辛苦の事業に身を投じた。社会福祉に対する認識が浅かった時代に、施乾は逸早く行動を実践した先覚者であった。

あるとき、台湾を訪れた菊池寛は、台北の市中に浮浪者の姿が見えないことに気づいた。人に尋ねたところ、愛愛寮に収容されていると聞いて感動し、菊池は施乾の著書を日本に持ち帰って紹介した。一九二九年、その功績が高く評価され、施乾は宮内省（宮内庁）を通じて天皇から恩賞を賜わった。施乾は、賞金に有志の寄付を加えて愛愛寮の改修と増築を行なった。

京都に留学している親戚の紹介で、施乾は日本人の清水照子と知り合った。清水照子は、施乾の徳望と仁心を慕って将来を誓い、一九三四年京都で結婚式を挙げた。二人は直ぐに台湾へ帰り、新妻は愛愛寮で浮浪児の教育や病人の看護に専心し、皆から慕われた。

一九四四年、施乾は脳卒中で急死した。残された夫人は、戦時体制下の物資不足の中、四人の子供を抱え、二百余人の収容者の世話もあって生活は苦難を極めた。翌年、終戦を迎え、施夫人は大きな選択を迫られたが、施乾の遺業を廃止するには忍びなく、浮浪者を放置するわけにもいかないので、愛愛寮を維持することにした。

台湾の経済成長に伴って、人々の生活は改善され、浮浪者の姿も見られなくなった。それにしたがって、愛愛寮も浮浪者の収容施設から養老院へと変わっていった。二百人前後の収容者には、大陸から来た六十歳以上の病人や障害者が多かった。ほかの養老院は、身寄りのない者や重病人を受け入れないので、自然に愛愛寮へ集まってきたのである。

後に、愛愛寮は台北市政府から補助金を受けるようになり、健常者には毎月二千五百元、身体障害者には二千六百元が給付された。この補助金は寮の経費の六割に相当し、不足分は善意の寄付に頼っていた。そして、収容者には毎月六百元の小遣いが与えられた。院長の施夫人のほかに、娘が看護婦を務め、非常勤の医者・会計・庶務・炊事係を合わせた数人で経営が維持されていた。人手が足らないときは、我が身を犠牲にして働いた。その後も創設者施乾の仁慈と愛護の精神は変わることなく、愛愛寮は今日まで受け継がれている。

十、戦争と流行歌——台湾歌謡の先駆者、鄧雨賢

四大金剛　西洋音楽が台湾へ伝わった時期についての明確な記録はないが、キリスト教の宣教師がその功労者だといわれている。福音は抽象的な西洋文化の一つであって、医学や音楽を補助的手段にして伝えるほうが受け入れられ易かったのである。また、日本が台湾を領有するようになって、西洋音楽を学校教育の教材にしたことも、普及の一助となったのである。

台湾の歌謡曲の中でも、鄧雨賢《とううけん》（一九〇六—一九四四）の作曲した「雨夜花」「春宵吟」「望春風」「月夜愁」などは人々によく親しまれている。半世紀来、それらの旋律は二つの時代に跨って歌い継がれ、国外にも知られている。

これらの曲は、年輩者の日本統治時代の苦境を慰め、戦後を生き抜いた者を懐旧と思慕の念に浸らせる。更に、異国に住む台湾人や台湾から引き揚げた日本人には、郷愁を誘う抒情的な曲となっている。特に「雨夜花」は、台湾の旅行案内などに紹介されるほど、代表的な台湾歌謡として知られている。

鄧雨賢は一九〇六年、日本統治下の台湾新竹州の竜潭に生まれ、日本名を東田暁雨、筆名を唐

崎夜雨といった。僅か三十八年の生涯であったが、作曲家としての才能を発揮し、不朽の名曲を残した。先祖は清の嘉慶年間（一七九六—一八二〇）、広東省梅県市から竜潭へ移住してきた読書人（知識人）の家系であった。

鄧雨賢は、祖父の兄弟九人のうち三人が秀才に及第したという名門に育った。父鄧盛柔《とうせいじゅう》は、郷里の竜元宮公学校で教鞭を執っていたが、後に台湾総督府国語学校の漢文の教官に任じられ、一家を挙げて台北へ移り住んだ。三歳の鄧雨賢はここで台湾語を学び始めた。

一九一九年、総督府は台湾教育令を発布して、教育改革が行なわれ、国語学校が廃止されるとともに、台北師範学校と台南師範学校が設立された。各教室には一台ずつピアノを置き、設備を整えて音楽教育に力を入れた。鄧雨賢は父の命に従って、台北師範学校に入学し、生涯音楽を志すようになった。

十九歳で師範学校本科を卒業した鄧雨賢は、日新公学校の教師を務めた。翌年、両親に縁談を勧められ、台北第三女子高等学校出身の鍾《しょう》氏と結婚した。鄧雨賢は数年で教職を退き、単身東京へ赴いて作曲を学んだ。

一九三〇年代になると、若者たちは文化啓蒙や新文学運動の洗礼を受けて、政治的桎梏《しっこく》から逃れようと足掻き、鬱憤の捌け口を台湾新音楽に求めた。

一九三二年、王雲峰《おううんほう》が作曲した「桃花泣血記」のレコードが、台湾コロムビア株式会社から発表された。歌仔戯《コアヒ》（台湾語による郷土芝居）の女優劉清香《りゅうせいこう》（芸名純純《じゅんじゅん》）が歌ったこの曲は、全島で愛唱された。劉清香は、後に流行した鄧雨賢の「望春風」「雨夜花」などの曲も歌い、流行歌手の第一号となったが、台湾が中国に復帰する前に世を去った。

レコード会社は勢いに乗じて、有能な作曲家を広く募った。台北市永楽町にある文声レコード会社の江添寿《こうてんじゅ》は、民間の笑劇や正声（京劇）・歌仔戯のほかに、西洋歌曲の製作にも手を広げ、鄧雨賢が作曲した「大稲埕行進曲」に台湾語の歌詞をつけて売り出し、反響を呼んだ。

逸早くこれに目をつけた台湾コロムビア株式会社の栢野正二郎は、台湾歌謡曲のレコード製作に踏み切った。一九三三年、台湾コロムビアは黄韻柯《こういんか》を支配人に据え、台湾新文学の文壇で活躍している陳君玉《ちんくんぎょく》を文芸部長に招いた。陳君玉が就任すると、各分野の人材を集め、鄧雨賢に専属作曲家を、牧師の姚讃福《ようさんぷく》に歌唱指導を依頼した。

鄧雨賢は会社の信望に応え、その年に「望春風」「月夜愁」「老青春」「跳舞時代」「橋上美人」などの優れた曲を書き、華々しく登場した。翌年には、「雨夜花」「春宵吟」「青春讃」などを作曲して、台湾歌謡界の抜きんでた存在となった。次いで、「満面春風」「砕心花」「四季紅」を世に出して、流行作曲家の王座を勝ち取り、蘇桐《そとう》・姚讃福・邱再福《きゆうさいふく》らと並んで、台湾流行作曲家の四大金剛と称された。

一九三四年五月六日、文芸作家が台中に集まり、台湾文芸連盟の成立が決議され、半年間の準備を経て漸く月刊誌『台湾文芸』が発刊の運びとなった。また、台湾文芸連盟は美術家・音楽家・劇作家・書家を集めて総合芸術座談会を開き、一九三六年三月の座談会では鄧雨賢が音楽家の立場から適切な意見を述べた。

「わたしは音楽に携わる者で、知っていることには限りがあり、ただ毎日ひたすら仕事に没頭しているにすぎません。一般に、音楽家ばかりでなく画家や文学者も、芸術を自分たちが独占するものだと見做しがちです。芸術は大衆と掛け離れたもので、自分たちだけが高い所にあると考えて、一般大衆を軽視する嫌いがあるのではないでしょうか。

しかし、芸術家はできる限り大衆と緊密に結合し、本来の使命を果たさなければならないのです。幸い、わたしはレコード会社と関わりを持っているので、比較的大衆と接触する機会が多くあります。忌憚なく言えば、台湾の芸術は一部の特殊階級だけが楽しむものになっていますが、本来は大衆とともに、芸術を鑑賞する方向へ改善していかなければなりません」

西洋文化が続々と台湾へ流れ込んでくる中で郷土文化を更に充実させるにはどうすればよいかということについて、鄧雨賢は次のように指摘した。

「取り入れるべき点も少なくありませんが、我々は西洋の文化を崇拝しすぎる傾向にあります。西洋音楽にも腐敗した部分があり、必ずしも西洋音楽でなければならないことはないのです。

また、台湾の音楽水準は比較的低く、いきなり西洋音楽の普及だけを推進しても、大衆は理解できずに音楽から離れてしまうでしょう。ですから、元からある台湾音楽の旋律を改作し、歌詞を改善するようなことから着手しなければならないと思います。四、五年前からこの問題に取り組んでいますが、残念ながらまだ傑作は現れていません」

鄧雨賢はまた、「レコードが広く大衆に愛好されるようになるには、一層こうした努力を続けなければなりません」と意見を示した。

しかし、鄧雨賢の希望は空しく消えた。日中戦争勃発後、総督府も中国侵略に協力するため、皇民化運動を展開した。皇民奉公会に属する台湾演劇協会を組織して、台湾新音楽を推し進めたが、これは台湾の曲に日本語の歌詞をつけて歌わせ、作曲家や作詞家の創作の自由を奪うものであった。

時局歌　米軍の空襲が激しくなり、鄧雨賢の一家は新竹の芎林へ疎開した。鄧雨賢は長年遠ざかっていた教職に復帰し、妻とともに芎林国民学校で教鞭を執った。

戦争が泥沼化するにつれて、兵力は疎《おろ》か、銃後の労働力さえ乏しくなった。そこで、島民からも軍属や志願兵を募るようになり、銃後の者は勤労奉仕に駆り出された。当局は戦時体制を強化し、民衆や軍属の士気高揚を図るため、時局に沿った歌を作る必要に迫られた。

そこで、人々に最も親しまれている「月夜愁」「雨夜花」などの曲をそのまま使い、当局は日本語の歌詞を作らせた。台湾語歌詞の「月夜愁」は時局歌に改められて、「軍夫の妻」と題された。

周添旺《しゅうてんおう》が作詞した「月夜愁」は次のようなものであった。

月色照在三線路（月光は三線路を照らし）

風吹微微（そよそよと風が吹き）
等待的人那未來（待っている人はなぜ来ない）
心内眞可疑（心の中では疑わしくも）
想未出彼個人（思いがけないあの人）
啊啊　怨嘆月暝（ああ　怨めしい月夜）

敢是註定無緣份（縁がないのは天の定め）
所愛的伊（愛する人よ）
因何乎阮放未離（なぜ離れられない）
夢中來相見（夢の中で会い）
斷腸詩唱未止（断腸の詩は歌い尽きない）
啊啊　憂愁月暝（ああ　憂愁の月夜）

更深無伴獨相思（夜は更けて寂しく独りもの想い）
秋蟬哀啼（秋蟬が哀しく啼き）
月光所照的樹影（月光の照らす樹影）
加添阮傷悲（悲しみ深く）

心頭酸目屎滴（心も痛み涙も零《お》ちる）
啊啊　無聊月暝（ああ　無聊の月夜）

栗原白也が作詞した「軍夫の妻」は次のような詞になった。

御国の為に
召されて遠く
東シナ海　はるばると
おお　濤越えて

緑の丘に
別れし姿
死んで帰ると　あの言葉
おお　今もなお

鏡のような
今宵の月に

君よおもかげ　うつせかし
おお　したわしや

軍夫の妻よ
日本の女
花と散るなら　泣きはせぬ
おお　泣きはせぬ

次に台湾語歌詞の「雨夜花」、北京語歌詞の「夜雨花」、日本語歌詞の「雨の夜の花」、時局歌に改題された「誉れの軍夫」を挙げてみよう。
周添旺が作詞した「雨夜花」は次のようなものであった。

雨夜花（雨夜の花）
雨夜花（雨夜の花）
受風雨吹落地（風雨に吹かれて地に落ちる）
無人看見暝日怨嗟（振り返ってくれる人もなく日夜怨めしい）
花謝落土不再回（花は枯れて地に落ち再び帰らない）

花落土（花は地に落ち）
花落土（花は地に落ち）
有誰人可看顧（誰が顧みてくれようか）
無情風雨誤阮前途（無情な風雨は私の前途を誤らせる）
花蕊凋落欲如何（花が枯れ落ちるのをどうすればいい）

雨無情（雨は無情）
雨無情（雨は無情）
無想阮的前程（私の行く手を思ってくれない）
並無看護軟弱心性（軟弱になった心も顧みてくれない）
乎阮前途失光明（私は前途の光明を失った）

雨水滴（雨水が滴る）
雨水滴（雨水が滴る）
引阮入受難池（私を受難の池に誘い込む）
怎樣乎阮離葉離枝（なぜ私を葉や枝から離すのか）

永遠無人可看見（永遠に振り返ってくれる人はいない）

一九四〇年、大陸でモダンな名曲と称して歌われた「夜雨花」は次のような歌詞であった。

雨夜裡（雨の夜）
悄展瓣（静かに花弁が開く）
花開花落一眨眼（一瞬のうちに花が咲いて落ちた）
誰能看見（誰が見ることができようか）
長吁短嘆（嘆き悲しみ）
花落地下不復元（地に落ちた花は元に戻らない）

花兒謝（花は枯れ）
瓣兒落（花弁は落ちる）
再有誰來把水澆（再び誰が水を注いでくれようか）
色兒既掉（色は既に褪せ）
味兒又消（香りも消え）
越想世上越無聊（思えば思うほどやるせない世の中）

無情雨（無情な雨）
兇暴風（凶暴な風）
風雨催残奴前程（風雨は私の行く手を阻む）
情兒也冷（感情も冷たく）
心兒也疼（心も疼く）
熱熱希望變成夢（ひたすら夢に変わることを望む）

雨不停（雨は止まず）
風不息（風も止まない）
花瓣四散泥土裡（花弁は泥土に散らばる）
誰知花意（誰が花の心を知ろうか）
路傍脚底（路傍の足の裏を）
永久分世告別離（永久に世に別れを告げる）

西条八十が作詞した「雨の夜の花」は次のような歌詞であった。

雨の降る夜に　咲いてる花は
濡れて揺られて　ほろほろ落ちる
紅がにじんで　紫ぬれて
風のまにまに　ほろほろ落ちる
明日はこの雨　やむかもしれぬ
散るをいそぐな　可愛い花よ
雨に咲く花　しんからいとし
君を待つ夜を　ほろほろ落ちる

栗原白也が作詞した「誉れの軍夫」の歌詞は次のようになっている。

赤い襷に　誉れの軍夫
うれし僕等は　日本の男

君にささげた　男の命
何で惜しかろ　御国の為に

進む敵陣　ひらめく御旗
運べ弾丸　続けよ戦友《とも》よ

寒い露営の　夜は更けわたり
夢に通うは　可愛い坊や

花と散るなら　桜の花よ
父は召されて　誉れの軍夫

原曲は裏町の女性を花に譬えた歌で、切なく物哀しい旋律とともに、台湾の人々に歌い継がれた。当局は、既に愛唱されているメロディーを効果的に生かして、戦意高揚の歌を歌わせたのである。

月のコロンス　鄧雨賢は、時局に迎合して唐崎夜雨と筆名を変え、日本語の歌詞で歌う曲を作った。それは「蕃社の娘」「望郷の月」「郷土部隊の勇士から」などで、中には小学校の教材に用いられたものもあった。
特に、「月のコロンス」は戦時下で大流行し、台北放送局文芸部の中山侑が歌詞を作った。唐崎夜雨は作曲料五十円、中山侑は歌詞料二百円を、台湾コロムビア株式会社から受け取った。歌詞は次の通りである。

月が出るコロンス
揺れる灯《ひ》にもの思い
恋の姑娘《クーニャン》
ああ　ほつれ毛に　海風《かぜ》が泣く

月が出るコロンス
咽びなく月琴に
思い乱れて
ああ　さすらいの　うたかたよ

月が出るコロンス
遠い日の思い出に

夢の港よ
ああ　ランタンに　啜り泣く

鼓浪嶼《コロンス》は福建省廈門出身の人たちの故郷である。歌詞が島民の郷愁を呼び起こすのを恐れて、当局はあまり歓迎しなかった。

戦後、愁人《しゅうじん》が「月のコロンス」を「月光海辺」と改題し、次のような台湾語歌詞をつけた。

月光暝行到海邊來（月夜に海辺を歩き）
思念着早日暗悲哀（在りし日の悲哀を思い浮かべる）
可愛的姑娘（可愛い姑娘）
啊啊　心憂悶被風也吹不知（ああ　憂悶の心は風に吹かれても知らない）

月光暝行到海邊來（月夜に海辺を歩き）
聽見着琴聲流出來（流れくる琴の音を聴き）
心内亂紛紛（心は千々に乱れて）
啊啊　流浪的可憐的小姑娘（ああ　さすらいの憐れな小さい姑娘）

月光暝行到海邊來（月夜に海辺を歩き）
想起着少年的時代（少年時代を思い起こす）
夢中的故鄉（夢の中の故郷）
啊啊　等何時會得來再相會（ああ　何時まで待てばまた会える）

人々が渇望した終戦を待たず、鄧雨賢は肺結核に心臓病を併発して、一九四四年六月十二日に世を去った。

鄧雨賢作品音楽会　一九九一年、台湾籍の女性音楽家謝艾潔《しゃがいけつ》が鄧雨賢の作品を世に広めようと音楽会を企画した。秋から準備を進めていたが、会場の手配にかなりの曲折を経た。最初、謝艾潔が一個人として、音楽会の企画を台北の国家音楽庁へ申請したところ、審議もされずに口頭で断わられた。そこで謝艾潔は、曲目や演奏時間を詳細に書き加えて再度申請したが、今度は企画が音楽庁の運営方針に沿わないと付記されたうえで返された。鄧雨賢の曲は流行歌にほかならず、国家音楽庁で演奏するには相応しくないというのが、その理由であった。

謝艾潔は、この企画を鍾肇政《しょうちょうせい》に持ち込んだ。鍾肇政は、鄧雨賢作曲の「望春風」を小説の題にし、故郷に鄧雨賢の銅像を建てたほどの人物である。鍾肇政は中華文化復興運動総会の会長を兼ねている旧友の李登輝《りとうき》総統に、手紙で会見を求めた。

翌年の一月十日、謝艾潔は鍾肇政とともに、会長室で李登輝総統と会見した。

「世界の国々には独自の音楽があり、中国大陸も伝統の歌劇を発展させています。日本統治時代から親しまれてきた台湾歌謡は、単なる流行歌と見做されていて、音楽的な芸術性を研究する人も少ないので、中国文化の一環として取り上げてください」と、謝艾潔は訴え、李登輝に鄧雨賢作品音楽会の会長となってくれるよう依頼した。李登輝総統は会長を引き受け、「この種の音楽会を通して、歴史上の一時期を回顧することができれば、会を開く意義は充分に達せられるでしょう」と答えた。そして、企画に協力するよう関係者へ指示した。更に音楽会の収入の一部を音楽推進基金に当ててもよいと認めた。

このようにして、一九九二年七月十四、十五の両日、鄧雨賢作品音楽会が実現し、その芸術性が認められた。台湾歌謡は半世紀の苦節を経て、漸く華やかな舞台に躍り出たのである。

十一、日中戦争終結と台湾——政界の長青樹、蔡培火

同化会会員　清の末期、福建省泉州市から台湾の雲林の北港に、蔡家の一族が移ってきた。一家の主である蔡然芳《さいねんほう》は著名な学者であった。徳宗の光緒十五年（一八八九）、蔡培火は蔡然芳の子としてこの北港で生まれ、字を峰山《ほうざん》と称した。

蔡培火が六歳のとき台湾は日本に割譲され、その年に父親が病死した。長兄が抗日活動に参加して警察に指名手配されたため、母親王氏は一家を挙げて石湖（福建省順昌県）に逃れた。やがて家産を使い果たし、仕方なく北港に戻ったが、一家の暮らしは困窮に陥った。

十三歳のとき、蔡培火は長兄からキリスト教の伝道に用いるローマ字を教わった。ローマ字を介して日本語と漢文を独習し、十七歳で台湾総督府国語学校師範部に入った。卒業後は、公学校で教鞭を執り、二十三歳のとき台南第二公学校へ転任して、呉足《ごそく》と結婚した。

勉学と教育の経験を通して、蔡培火は言語と知識は不可分の関係であることを知った。統治者が入れ替わり、日本が台湾を支配するようになって、文化や知識に多少の差異が生じたが、蔡培火はそれらを修得するには、統治者に妥協するのが得策であると考えた。

一九一四年三月、板垣退助が台湾で同化思想を提唱したとき、蔡培火は情熱を掻き立てられた。その年の十二月台湾同化会が成立すると（三七頁参照）蔡培火は教師の身分を顧みず運動に加わり、島民の知識水準を高めるにはローマ字を新聞や雑誌に載せて普及させるのがよいと、幹部の林献堂に提言した。

同化会が台南で講演会を開いたとき、蔡培火は心中を吐露して弁舌を振るい、警察の警告を受けた。一九一五年一月二十六日同化会は当局に解散させられ、板垣退助は東京へ帰った。総督府は同化会に関わった公務員を強制的に辞職させ、蔡培火も情熱を燃やした教員生活を奪われた。

『台湾青年』の発刊　職を失った蔡培火は、林献堂から学資の援助を受けて、一九一五年二月日本へ留学した。予備校で一年間学び、翌年四月東京高等師範学校理科二部（物理化学科）に入学した。在学中にキリスト教に入信し、一九二〇年二月卒業と同時に洗礼を受けた。

蔡培火は教会を起点に、大陸からの留学生や日本人の信徒との広範囲な交流を深めた。一九一八年十月、中華青年会幹部の馬伯援《ばはくえん》・呉有容《ごゆうよう》・劉木琳《りゅうもくりん》らおよび台湾の林呈禄・彭華英《ほうかえい》・蔡恵如らとともに声応会を作った。意見を同じくする者は自然に応じ合えるという意味で結束した会であったが、会員の流動が激しかったために長続きしなかった。このころ、蔡培火は牧師植村正久の紹介で革新派の政治家と知り合い、衆議院議員田川大吉郎・島田三郎・清瀬一郎・尾崎行雄、貴族院議員江原素六・阪谷芳郎・渡部暢らの協力を得て政治的な支援を求めた。

これを契機に留学生は、台湾の政治問題と社会改革の方針について研究するようになり、東京で啓発会を結成した（三八頁参照）が、資金も乏しく会員は百人に満たなかった。しかも、明確な目標がなかったために思想と感情が入り乱れ、長続きしなかった。そこで、蔡恵如が出資して会を建て直し、一九二〇年一月十一日に新民会を発足させた（三九頁参照）。

三月に、蔡培火・林呈禄・王敏川《おうびんせん》・陳炘らが集まり、新民会の今後の方針について協議し、文化の向上を目指して、台湾統治の改革運動を行ない、大陸の同志と連絡をとって、月刊誌『台湾青年』を発行することに決めた。

七月十六日、蔡培火が編集兼発行者となって、東京に台湾青年雑誌社を設立した。創刊号には総督田健治郎が題辞を、東京帝国大学教授吉野作造、明治大学学長木下友三郎、男爵阪谷芳郎らが激励文を寄せた。蔡培火の雄渾な筆跡で記された創刊の辞は、次のようなものである。

「観よ。国際連盟の成立、民族自決の尊重、男女同権の実現、労資協調の運動等、一としてこの大覚醒の賜でないのはない。台湾の青年！　高砂の健児！　吾人は尚ほ立たないで居られやうか。斯の大運動の真義を解せず、これに共鳴し得ない人は、人としての価値が零であらう。況や国民となるに於いてをやである。……

吾人は深思熟考の末、遂にかく悟った。即ち広く内外の言論に耳を傾け、取るべきものを細大となく取り入れて我が養ひとする。而して養ひ得た力を惜げなく内外に向って尽すと云ふことは、正に吾人の理想で、勇進すべき目標である。我が敬愛する青年同胞！　共に立て、共に進めよ」

また創刊号に載せた「対内根本問題の一端」の中で、蔡培火は島民に次のような指針を与えている。

それは、胸懐を広くし、迷信を破り、体育を貴び、趣味を養い、科学を習い、言論を興せば自立自強の第一歩を踏み出すことができるということであった。

蔡培火は、かつて林献堂と同化会設立に加わったため、新民会の会員に懐疑の目を向けられた。そこで、『台湾青年』第二号で「吾人の同化観」と題して、総督府の同化主義との差異を明らかにした。

「同化と云ふ作用は極めて広範に亙って行はれている。人の心的作用として、新に起った精神作用を過去の経験に基いて得たところの心的結合体の中に取り入れる働きも、同化作用の一種である。更に各人、各社会、各民族が文化の発達に随れて、他人、他社会、他民族と接触する機を得て、種々比較考究の末、自他の長短得失を悟り自ら進んで我が陋習を棄てて、人の良風に倣うと云ふように、相互に天地の公道に則って歩調を整へることは、則ち人文上の同化である。尚ほ前述の如な自発的の同化と異なって、全く自己を中心とし標準にして、自己と異性質の他のものを自己と同性質のものにして終ふ如な強制的の同化運動もある」

更に蔡培火は、「我島と我等」の中で、台湾の前途について次のように思索している。

「我が台湾島と我等台湾人は如何なる関係にあるか、……我島に於ける天恵の豊富な点から観て、我等は当然それに関する智的向上を計るべく、我島を一大工商業地として発達せしむべきは、我等の当面の天職であると考へるのである」

台湾議会設置運動　蔡培火は牧師植村正久が管理する東京富士見町教会を借りて新民会の集会所に当てた。一九二〇年十一月二十八日の集会で、留学生は総督府の専制政治を猛烈に批判し、専制的な六三法の撤廃、台湾自治のための台湾議会設置運動などについて、休みなく議論を続けた。その中で蔡培火は、特に台湾議会設置請願についての呼びかけを行なった。十二月に、台湾議会設置運動は新民会会員全体の努力目標となった。蔡培火は林献堂と協力して、積極的に運動を推し進めた（三九頁参照）。

翌年一月三十日、百七十八人が署名した台湾議会設置請願書がまとまり、蔡培火の友人の貴族院議員江原素六、衆議院議員田川大吉郎の紹介で、第四十四回帝国議会貴族院と衆議院に提出された。内容は、民選議会設置により、島民に代表を選ぶ権利を与え、総督府の施政と予算の審議決定権を求めるものであった。

二月十八日、台湾議会設置請願は貴族院請願委員会に上程されたが、席上で台湾統治の方針に違反するものだと田健治郎総督が述べたため、不採択になった。三月二十一日、請願は衆議院請願委員会にも上程されたが、審議すらされなかった。だが、総督府の弾圧下にあった島民の不満の捌け口にはなった。

南蔡北蔣　一九二二年四月十日、『台湾青年』は『台湾』と改称された。時勢の変遷と文化的な要求に応えて、幼・少・青・壮・老の別なく、すべての層を対象としたのである。蔡培火は台湾支社の主任として、台湾地区の事務を担当することになった。

台湾へ帰った後、蔡培火は雑誌『台湾』の発行に携わる傍ら、全島を回って台湾議会設置請願の署名を集めた。一九二一年一月、蔡培火は蔣渭水と東京で台湾議会期成同盟を結成し（四〇頁参照）、十月には台湾文化協会に加わって専務理事を務めた（四八頁参照）。蔡培火と蔣渭水は、それぞれの地元で民主・民族・社会運動を推し進めた。人々は、二人の活躍を称えて南蔡北蔣と呼んだ。

一九二三年の治警事件（四〇頁参照）で逮捕された蔡培火は、獄中で次のような「台湾自治歌」を作って胸中を明かした。

愛する蓬萊の美しい島
祖先の基業ここにあり
我らが田畑を拓いて樹を植え
代々労苦を重ねてきた
理解せよ
理解せよ
我らは開拓者だ
愚かな奴僕ではない
台湾の自治を急げ

公事は我らが司る

新高山は崇高にして扶桑を覆う
我らの意気を高く揚げ
熱烈に全身で郷の血族を愛す
なぜ旺盛なる強権を恐れることがあろうか
誰がこれを阻止するか
誰がこれを阻止するか
皆ともに起ちて自治を唱えよ
同じ意見を標榜せよ
百般の義務を尽くした我らこそ
自治の権利を受けるのだ

蔡培火と蔣渭水は、数十日間の拘留後、保釈中にもかかわらず第五回台湾議会設置請願のために東京へ赴き、政界の顕要や世論に対して、総督府の弾圧や治警事件の不当逮捕を訴えた。治警事件の第一審公判では全員が無罪を言い渡された。第二審で蔡培火は禁固四カ月の判決を受け、上告は棄却された。それで、一九二五年二月二十一日から五月十日まで刑に服した。

治警事件後、蔡培火らの声望は更に高くなった。蔡培火らは文化啓蒙運動を強力に進めるため美台団を結成し、教育映画を作って全島を回る一方、『台湾民報』でローマ字の必要性と、文化運動の目標についても見解を表明した。

文化協会の分裂

一九二六年十月十七日、文化協会の第六回総会が新竹で開かれた。蔡培火の理事長を置くという案に対して、連温卿の委員長を置くという案、蔣渭水の委員長と総理を並置するという折衷案が出され、意見が三つに分かれた。この論争は十一月二十日に霧峰の林家に持ち込まれ、林献堂が斡旋に努めたが、連温卿は一歩も譲らなかった。

翌年一月二日の臨時大会で、会員は理事長制派と委員長制派に分かれた。理事長制を支持する会員は蔡培火について退出し、抗議の意を示したが、委員長制を唱える若手を中心とする連温卿派が勝利を得て、新たに新文化協会を結成した。

蔡培火は、蔣渭水とともに新しい政治結社を組織することにした。一九二七年二月に台湾自治会、五月に台政革新会、六月に台湾民党を合わせて、七月に台湾民衆党を結成した。蔡培火と林献堂が顧問に、蔣渭水は財務主任に就いた。

十月一日、台湾民衆党の旧文化協会会員の脱会声明が蔡培火によって発表され、正式に文化協会を離脱した。声明書の一節を次に挙げてみよう。

「我々は同胞の強敵が専制政府・圧迫階級・御用紳士や支配者の手先であると信じている。しかし、今の新文化協会一派は、階級闘争を唱え、人道を無視している。その行ないは従来の事業を破壊するもので、我々の主張を否定するものである。これは同胞が相争うのを奨励しているようなもので、漁夫の利になりかねない。

ここにおいて、我々は相手に反省させることができず、再び一緒に活動することも考えられない。そこで、文化協会との関係を断って相手の意に任せ、我々は別の行動をとることにした。

この度、我々は台湾民衆党を結成し、全島民の政治的・経済的・社会的解放に努める。同胞が攪乱分子に欺かれないように望む。誰に従うかを考え、皆ともに同じ目標の下に集まり、力を合わせて奮闘しよう。耿々たるこの志を明察願えれば幸いである。謹んでここに声明する」

その後、蔡培火は台湾議会設置請願運動に専念し、日本の世論や政界の要人に対する遊説に力を入れた。一九二八年二月には日本語で、日本の国民に、総督府の悪政や島民の実状を訴えた。

蔣渭水が台湾民衆党を激烈な運動へ導いていたとき、蔡培火らは林献堂に単一地方自治運動に向かうように進言した。親日派の資本家・地主や在台の開明派の日本人と結束して、台湾における地方自治の実施を促進しようというのである。会議を重ねた末、蔡培火は東京へ行き、楊肇嘉に台湾地方自治連盟を主宰するよう頼んだ。

一九三〇年八月十七日、台中市の酔月楼で台湾地方自治連盟の発足式が行なわれた。多くの民衆党員が台湾地方自治連盟に加入したため、台湾民衆党の党規に触れて問題が起きた。十二月、蔣渭水は中央委員会を開いて、地方自治連盟幹部の蔡培火・陳逢源・洪元煌らを台湾民衆党から除名した。

一九三一年、台湾文化協会・台湾民衆党は相次いで解散させられ、台湾地方自治連盟が唯一の政治結社として残った。しかし、台湾独立運動に繋がるのを恐れた総督府は、請願運動を止めないかぎり、地方自治制度を認めないと突っ撥ねた。

一九三四年八月二十三日、林献堂・蔡培火・林呈禄の連名による台湾地方自治連盟の大会開催の通知が全島の同志に送られた。台湾議会請願運動の動向について討議するために、九月二日台中市の大東信託株式会社（八〇頁参照）で大会が開かれ、協議の結果、請願運動を断念することに決まった。

日本軍の大陸侵略が進展するにつれて、総督府の政治運動に対する弾圧は一層厳しくなった。このときに、蔡培火は「東亜の子斯くの如く想う」と題する一文を発表した。その中で少壮軍人らに対して、日本ファシズムを婉曲に批判したので、当局から疑いをかけられた。日中戦争が勃発した年、蔡培火は家族を率いて東京へ避難し、「味仙」という料理店を開いた。

一九四二年、蔡培火は日本の文治派の友人の協力を得て、単身で東京から上海へ逃れた。日中戦争の終結直前、文治派の人物と戦争の平和的解決について話し合った。そして、田川大吉郎らの日本側代表は、蔡培火を通じて、中国の特務工作員と接触した。その結果、蔡培火と田川大吉郎が重慶国民政府へ談判に行くことになったが、その途中で日本の敗戦を迎えた。蔡培火は、そのまま重慶へ乗り込むと中国国民党に加わり、新生台湾省の党部委員に任命された。

国民党の顕要　一九四六年三月、台湾に帰った蔡培火は、声望の高い台湾の貢献者として迎えられた。一九四八年二月、蔡培火は立法委員（国会議員）に当選し、一九五〇年三月には行政院政務委員に任命され、十五年間その職を務めた。一九六五年には総統府国策顧問に任じられた。

一方、一九五二年に、蔡培火は中華民国赤十字社副会長兼台湾支部長を務め、一九七四年には中華民国献血運動協会を創設し、理事長を四期務め、台湾の医療用血液の供給に寄与した。

蔡培火は教育事業にも力を注ぎ、一九六五年に淡水工商管理専門学校を創設した。台湾へ追われた国民党は、中華人民共和国の教育政策に従おうとしなかった。一九五八年、大陸では中国語のローマ字表記法（いわゆる拼音《ピンイン》）が採用されたので、台湾当局は蔡培火が進めてきた台湾白話文のローマ字表記の使用を禁じた。そこで、蔡培火はローマ字表記に代わる漢字のルビとして、以前からあった注音符号を用いることにし、一九六五年に『国語閩南語対照詞典』、一九七二年に『国語閩南語対照初歩会話』『国語閩南語対照普通会話』、一九七五年に『閩南語注音三民主義』を編纂した。また、植民地時代の抗日運動の変遷についてまとめ、陳逢源・林伯寿・呉三《ごさん》連《れん》・葉栄鐘とともに『台湾民族運動史』を書き上げた。

一九七九年十二月、蔡培火は国民党四中全会で、党内外の政治家と連絡を密にして双方の誤解をなくそうと提言したために、党内部の意見が対立してしまった。

台湾政界の長青樹と称えられた蔡培火は、一九八三年一月四日、九十四歳の天寿を全うした。

第二部　二・二八事件から現代への歩み

一、二・二八事件の衝撃——台湾現代史の転換点

事件の発端　一九四七年二月二十七日の夕暮れであった。台北市の大稲埕辺りを、台湾省専売局の闇タバコ摘発隊の傅学通《ふがくつう》ら六人が巡視していた。

台湾総督府の酒やタバコの専売制度は、中国に復帰した後も中華民国政府によって踏襲されていた。禁止令を破って、大陸出身者が上海や香港からタバコを大量に密輸したが、闇タバコを売るのは、専ら島民であった。公然と賄賂の授受が行なわれ、官吏は密輸の元凶には目を瞠《みは》り、小売商人ばかりを取り締まった。

台湾籍の林江邁《りんこうまい》という未亡人は、タバコの販売で細々と一家の生計を立てていた。木枠で組んだ粗末な棚にタバコを並べ、摘発に脅えながら茶房の店先で販売する。官吏が近づいたとき、いつでも持って逃げられるように、棚に工夫をしてあった。その日、傅学通らが不意に林江邁の前に現れ、タバコと売上金を没収した。直ぐに野次馬が集まり、成り行きを見守った。林江邁は、見逃してもらおうと官吏に取り縋って哀願する。ところが、酷吏は婦人を突き飛ばしたうえに、拳銃で頭を殴った。

この凶暴な行為はたちまち群衆を激怒させ、大勢の者が酷吏を罵った。酷吏は、逃れるように永楽座劇場まで来ると、群衆に向かって発砲し、近くの警察署へ駆け込んだ。現場には、流弾で死んだ陳文渓《ちんぶんけい》だけが残された。

群衆は、酷吏の逮捕を要求して警察署を取り囲んだ。警官の連絡で駆けつけた憲兵が、酷吏を連れ去り匿った。群衆は厳罰に処するように求め、没収したタバコを積んだ車に火を点けた。

翌日の二月二十八日早朝、群衆は再び現場に集まり、島民が支配者に最大の抵抗を示した二・二八事件が起こったのである。

怒りのスローガンを掲げた幟と請願書を手にした群衆は、列をなして専売局へ向かった。内容は、乱暴な局員の厳罰と局長の辞職、および専売制度の見直しを求めたものであった。

銅鑼の音に先導されながら、デモの群衆は長い道程を経て、午前十時ごろには専売局に辿り着いた。専売局の門は固く閉ざされ、局長は不在と偽って応対に出なかった。一行は暫く待機していたが、台湾省行政長官陳儀に請願するために官庁へ押しかけた。

官庁に着いたデモ隊は、国民党軍と広場を隔てて睨み合った。その勢いに怯んだ衛兵が、狂ったように機銃を乱射し始めた。六人の犠牲者が次々と路上に倒れていった。

その日の午後二時、ラジオはデモが始まったというニュースを伝えた。群衆の代表が、電波を通じて島民に決起と支援を呼びかけた。

夕方には台北のほとんどの機能が停止し、民衆が街に溢れた。人々は新しい情報を求めて集まり、なければ散っていく。大陸出身者は、家に閉じ籠もって姿を見せなかった。それまでは、大陸出身者が下駄を履いている島民を目の敵《かたき》にしていた。それが一変して、島民が幅を利かせる立場になった。大陸出身者が街を歩いていると、尋問される。

「きみは、芋か豚か」(きみは島民か中国人か)

返答ぶりで、大陸出身者とわかれば制裁を受けたが、日本語や台湾語の話せる大陸出身者は殴打を免れた。

日が暮れると、一部の大陸出身者は官庁内に隠れ、ある者は親しい島民の家に匿ってもらった。憲兵隊は官庁の前に鉄条網を張り、土嚢を積んで防禦し、十字路に機銃を据えた。兵士を乗せたトラックが主要道路を巡邏し、ときには銃声を発した。午後六時に戒厳令が布かれ、台北は緊迫した暗黒の都市に変わった。

三月一日午前十時、当局は台湾籍の女医で国会議員をしている謝娥《しゃが》を担ぎ出した。謝娥はラジオで、前日の官庁前の銃撃はなかったと偽った。一時間後、群衆は謝娥の営む康楽外科医院へ闖入し、医療器具や家財道具を運び出して燃やした。紛争が収まるまで、謝娥は当局の庇護を受けた。

支配者との対決

台湾籍の指導者たちは、この事件のために厳しい立場に立たされた。午前十時、国会議員や省議員、県・市会議員の代表が台北市公会堂に集まり、陳儀にタバコ摘発事件調査委員会を組織するよう求めた。

しかし事態は、専売局員の懲罰や死者の補償よりも、衛兵が六人を銃撃したことのほうが重大であり、民衆が納得の行くような専売制度と政治の改革をしなければ、紛争は更に拡大するであろう。群衆と軍隊の衝突を避けるため、直ちに戒厳令を解くように代表が申し入れると、陳儀は、戒厳令を深夜に解除するという条件で、人民の集会やデモを禁じた。

戒厳令を解くまでの時間を、陳儀は無駄にしなかった。兵士を乗せたトラックを街に出動させ、多くの市民を狙撃させた。陳儀の陰謀に嵌《は》められ、市民は恐怖に戦いたのである。

午後五時ごろ、ラジオを通じて、専売局の一件は既に充分な賠償金で解決済みだと陳儀が放言したため、民衆を更に激怒させた。しかも、陳儀は六人の銃撃には触れず、島民の反逆者が増えたと詰《なじ》り、「市会議員の代表が当局と協力し、委員会を作って暴動を解決することには同意する。もし意見があれば、委員会を通じて申し出よ」と放送した。

そのころ鉄道管理局では台湾人学生が、「汽車はいつ動きますか」と尋ねていた。学生たちは暴動で家へ帰れず、二日間台北市内に足留めされていたのである。突然、銃声が響いたかと思うと、学生たちは倒れていた。鉄道警察隊の警官は、続いて銃口を市街へ向け、通行人を狙った。

怒った群衆は、鉄道管理局へ乱入しようと北門の交差点に集まった。そこへ、鉄道管理局の要請した軍用トラックが来て道を塞ぎ、兵士が機銃を掃射して群衆を蹴散らし、二十五人の死者と百余人のけが人を出した。

この攻撃は、鉄道管理局の職員に避難する時間を与え、職員たちは喚きながら台北駐在米国領事館へ逃げ込んだ。後を追いかける群衆の投げた石が、塀に当たって音を発した。

領事館内は騒然とし、避難した二十数人は顔色を失い、二階の領事の部屋へ通され、茶と軽食を与えられた。領事は官庁へ連絡し、係官の鄭南渭《ていなんい》に避難者の引き取りを要請した。

六時間後、当局の二台の車が領事館の庭に乗り入れた。このとき、群衆は既に現場を離れて犠牲になった負傷者を見舞い、今後の行動計画を練っていた。ラジオは、台湾人が台北の米国領事館を攻撃したと伝え、台湾在住のすべての米国人は陳儀の手で保護されていると放送した。それで、外国の報道陣に島民は悪辣な民衆であると誤解された。

一晩じゅう銃声が絶えなかった。深夜に戒厳令を解く約束であったが、陳儀はそれを反古にした。三月二日、巷に散乱したビラに朝日が注いでいた。それには、「豚よ、帰れ」と書かれていた。大陸出身の要人たちは、台北松山空港へ荷物や家財を運び、家族を避難させた。紛争が収まるまで、そこに止まるつもりである。官庁と放送局を含む一部の施設は、厳重に警備されていた。陳儀が命令を下せる場所は、この限られた範囲内でしかなかった。

三月二日正午、陳儀は台湾籍の代表と話し合った。事態が危機に瀕したのは、政治や経済に問題があり、巡視隊が市中で乱射をする間は、安穏な生活ができないと代表は指摘した。実際、正常な活動は既に停滞し、間もなく食糧の危機が襲ってきた。

陳儀は兵力の不備に鑑み、改革案に応じる振りをした。

三月一日以後、台北では大陸出身者に対する制裁が少なくなった。処理委員会が成立すると、民衆の憤怒は少し和らいだ。

台北の米国領事館では、三月二日の朝から台湾在住の米国人の安否を調べた。領事が南京の米国大使館へ提出する報告書を作成していると、台湾人の医者が訪ねてきた。

医者は特殊な弾丸を差し出し、トラックから乱射されて診察室にある医学書に当たった物だと告げ、領事館を通じて、関係当局に抗議してほしいと頼んだ。この特殊な弾丸は、国際協定で使用禁止になっていた。しかし、領事館は二・二八事件は中国の内紛であるとして、介入することを拒否した。

そこで医者は、弾丸を台北のＵＮＲＲＡ（国連救済復興機関）に持ち込み、国連本部へ転送するよう頼んだ。国民党軍が国際協定を破って、違法な武器を使用した証拠にするためである。ＵＮＲＲＡの係官は同情の意を示したが、この種の請願を国連本部へ取り次ぐ規定がないと、ここでも断わられた。

三月二日午後二時、大勢の民衆が台北市公会堂に集まり、当局の代表と処理委員も席に着いた。当局は、午前中に予め決めておいた事項を宣言した。つまり、商工会や学生・団体などからも代表を追加選出するというのである。

一部の台湾籍の処理委員は、当局が決めた代表の増員に疑問を持った。組織の構成が複雑になれば、権益の争いが生じ、調整しにくくなるからである。後になって、追加された委員の中に黄朝琴のような国民党の密偵がいたことがわかり、初めて謀られたことに気づいたのである。

陳儀の引き延ばし作戦

陳儀は民衆の要求を受け入れ、その旨を午後三時にラジオで放送すると約束したが、時刻がきても放送はなかった。そのため、当局が軍隊を北上させているという噂が流れた。軍隊が放送前に到着すれば、陳儀は処理委員会の屈辱的な要求をのまずに済む。そして、台北市公会堂に集まった群衆を一網打尽にすることができる。午後五時になって、漸く次のような放送があった。

「処理委員会を組織して、事件を解決する。官吏や議員のほか、各団体からも代表を選んで参加させる。このような処理委員会こそ、多数の民意を反映できるのだ」

その夜、陳儀は南部から軍隊を移動させた。台北市民は、その背信行為に腹を立てた。機略に優れた新竹市民は鉄道のレールを外し、軍用列車の北上を阻止した。また、道路に障害物を置いて、軍用トラック十台の前進を妨げた。

このような緊急事態に電報や電話を駆使できたのは、島民の結束力が強かったことを示している。日本領有時代に建設されたこれらの設備は、警察の通信網や製糖会社・電力会社などを含め、有効に利用することができた。台湾は、中国大陸のように遅れてはいなかった。

一方、陳儀の手先の鄭南渭は、放送局や海外への通信網を握っていた。鄭南渭は流言を飛ばし、事実を歪曲することが得意であった。台北の米国領事館で起きた投石事件について、三月三日のマニラの放送では事実と異なる報道になっていた。

「組織された一団の台湾民兵が、機銃で台北駐在米国領事館を攻撃し、政府に反乱を起こした」

大阪の放送局は、次のように伝えた。

「台湾全島は平穏無事である。陳儀行政長官は、島民の要求をすべて拒否している」

陳儀の面子《メンツ》に関わるので、中国に島民を統治する能力がないことを、日本に知られたくなかったのである。

三月三日午前十時、処理委員会は五人の代表を選び、米国領事館へ請願に行った。事件の真相を正しくワシントンへ打電し、米当局に島民の真意を理解してくれるよう求めたが、台湾は中国の一部だという理由で拒否された。

当局と会談のさい、処理委員会は、巡邏の兵士を撤退させるよう再三要求した。陳儀は、三日前に撤退を命じたと弁明したが、街では依然として銃声が絶えなかった。長時間にわたる討議の結果、当局は次の七項目に合意した。
一、すべての軍隊を三日午後六時までに撤退させること。
二、憲兵は地方の治安を、警察と学生は治安服務隊を編成して社会秩序を維持すること。
三、交通機能は三日午後六時までに回復させ、民衆は交通従事者の安全を保障すること。
四、軍用の糧食を民間に放出すること。
五、社会秩序を乱した軍人は、台湾警備総司令部参謀長官柯遠芬《かえんふん》が懲罰すること。
六、民衆が社会秩序を乱したときは、処理委員会が処罰すること。
七、決して軍隊を北進させないこと。

最後の項目の協議に移ったとき、柯遠芬はこれらの事項が守られなければ自殺すると誓った。実際には、この誓いは信用できなかった。柯遠芬は頑迷で残忍な性格の持ち主で、庶民を侮蔑する酷吏として知られていたからである。柯遠芬は陳儀の勢力を牽制するため蔣介石に派遣され、異なる派閥を互いに対抗させて監視していた。

このときから柯遠芬は目立つ存在となり、一躍国民党の象徴となった。当時を顧みると、この七項目は詭計だったのである。柯遠芬は、島民の反抗が陳儀の暴政に対する不満だとは解せず、当局への反逆だと見做していた。

第二項目を実行するため、処理委員会は台北市政府へ忠義服務隊の幹部の人選を依頼した。三月の第一週に成立した各種の新組織の中で、忠義服務隊の任務が最も重要であった。

忠義服務隊　大陸出身の警官は、民衆の憤怒の的となり、姿を見せる者はなかった。警察に勤務した経験のある島民は、忠義服務隊の幹部に任じられた。学生も潔く隊員に加わった。隊員は日本領有時代に軍事教練を受けていたので、任務の遂行が期待できた。

隊員は、忠義服務隊の腕章をつけることで、一種の優越感を覚えた。一年半抑圧された憤りが、隊員の決意と勇気を掻き立て、大陸出身者に実力を誇示し、任務をいかに忠実に遂行するかを見せつけようとした。

これだけの力があれば、島民の手で陳儀と大陸出身者を台湾島から追い出すことも可能であると思われた。陳儀も柯遠芬も、それを感じ取っていた。官庁と軍隊駐留地を除けば、全島はすべて島民の牽制下にあったからである。

三月四日、柯遠芬は民衆の面前で涙を流して見せた。人々は、鰐のそら涙にすぎないと取り合わなかった。鰐は物を食べるときに涙を流し、悲しいときには出ないのだという。

柯遠芬は、処理委員会で次のように述べた。

「国家や民族の立場から見ると、政府と人民はこの事件を恥じるべきである。初日に、わたしは二つの報告を受けた。一つは、米国人が事件の現場で写真を撮っていたこと。もう一つは、日本人がこの事件を密かに喜んでいることである。

この報告による衝撃は、官吏や人民の死傷よりも苦痛が大きく、わたしは悲しみに落涙した。双方が合意すれば、事件の解決は容易である。わたしは、たとえ死んでも国家と民族が分裂するようなことを承諾できない。これは軍人としての責任であり、国家に与えられた責務でもある」

この日は、大勢の民衆が公会堂に参集して、当局と処理委員会の協議に耳を傾けていた。代表は島民の不満に気を配り、政治改革のほか、公共事業の維持にも言及した。

鉄道管理局長陳清文《ちんせいぶん》は、傲慢なうえに島民を軽蔑するので、民衆の不満と不信を買った。特に、その管掌下の鉄道警察隊は理不尽な集団であった。

三月一日に鉄道管理局で数名の学生が殺害された事件で、陳清文は攻撃の的となった。処理委員は台湾省交通処長任顕群《にんけんぐん》を訪れ、陳清文と領事館の庇護を受けた鉄道管理局職員の免職を求めた。

三月四日正午、処理委員は陳儀と会談し、民衆と接触して政策を明確に述べるよう求めた。政治改革を示唆したものだが、うやむやな回答を得たに止まった。陳儀は自分の政策は優れたものだが、まだ完全に実施されていない段階なのだと弁解した。また、失業対策については、既に救済を始めている。当局は、憲兵や警官には武器の携帯を禁じたので、学生も武器を持つ必要はないと述べた。

陳儀の平静を装った談話の中には、これから起こる事態が隠されていた。会談終了後、処理委員会宣伝部長王添灯《おうてんとう》は、電話で台中支部成立の連絡を受けた。台中市内はすべて島民が抑え、政治改革の交渉は委員会が行なうことになったというのである。

台湾全島に波及した反乱

台北で発生した事件は、全島に広がった。各地で民衆は国民党軍や警官と衝突し、ある地方の軍人は武器を民衆に供出した。国民党軍は、島民の反抗に士気を失っていた。島民が官公庁や民間企業を占拠するのは容易であった。大陸出身者は身を隠し、外出を避けていた。

高雄要塞司令官彭孟緝《ほうもうしゅう》少将の指揮する軍隊は、郊外の基地に立て籠もっていた。三月六日午前十時、彭孟緝は武装解除を求めに来た処理委員林介《りんかい》、徐光明《じょこうめい》、曾鳳鳴《そうほうめい》らを射殺した。更に、三百人の守備兵を率いて高雄市内に入り、乱射を始めた。当局の発表によれば、十二日間で二千七百余人の市民が犠牲になったという。

反乱を鎮圧した功労によって、彭孟緝は激賞され、後に警備総司令官・参謀総長・駐日大使などの要職に登用された。

東海岸の花蓮港地区の大陸出身者は、民衆の勢力に屈し、事件には至らなかった。新竹の市民は、食糧を台北市へ送ることを保証した。台中と嘉義での戦闘は短かったが、かなり激しいものであった。

台中では、二月二十八日早朝、市参議会に議員や市民が詰めかけて討論を繰り広げ、台北の民衆に呼応し、当局に改革を求めることを満場一致で決議し、代表を選んで台北へ送った。夜になって、共産党の謝雪紅《しやせっこう》が学生を率いて闘争に加わった。

台中でも、島民は大陸出身者を見つけ次第殴打した。最も民衆を激怒させたのは、台中県知事劉存忠《りゅうそんちゅう》の護衛であった。台湾籍の少年二人が知事の息子を訪ねたところ、護衛に射殺されたのである。

翌日、台中市の民衆や学生が蜂起し、兵営と警察署を占拠した。台中市民に呼応した台中県下の民衆は、これまで悪事を働いてきた大陸出身者を捕らえた。台中地区は島民の制圧下となり、日本軍から接収した銃が民衆の手に渡った。銃が悪用されるのを恐れ、民衆は治安隊に武器の集中管理を要望した。

台中地区処理委員会は、十五人の執行委員を選出し、厳粛な雰囲気で会議を開き、台北の処理委員会に対し、大胆かつ細心に事を運び、当局の陰謀に留意するよう忠告した。

三月五日、蔣渭川《しょういせん》は大陸に向けて放送し、専売局の酷吏が起こした殺人事件は導火線にすぎず、陳儀の政策に対する不満や憎しみが遠因である。全島には反逆や独立の思想は存在せず、ただ政治改革を望んでいるだけだと訴えた。

その後で蔣渭川は、台北の台湾青年連盟大会で講演を行なった。

「我々は中央政府を支持しており、汚職を根絶するのが目的である。組織力で平和的解決を図り、軽率に武力を行使しない」

三月五日、全島に十七カ所の処理委員会の県・市支部が成立した。各支部から改革草案が持ち寄られて、三十二カ条からなる要求が王添灯によって起草された。

そこでは、言論や集会・出版などの基本的人権を保障すること。省政府要人の任用は、参議会の同意を求めること。選挙において、国民党は無所属の候補者を差別しないこと。人民の安全と財産を保障すること。警察の力を規制し、裁判所の人事を改革することなどが要求された。

経済政策では、専売制度の撤廃や日本人から没収した財産を公平に処分すること。軍事改革では、憲兵は軍人以外の平民を逮捕してはならず、台湾警備総司令部を廃止し、軍権を濫用しないことなどが要求された。

また、戦犯や漢奸容疑で拘禁された島民を釈放すると同時に、高山族の政治的・経済的な権利の享受を保障することが要求され、更に中央政府に送った十五万トンの砂糖の代金を、時価で台湾省に支払うことが求められた。島民は、これらの砂糖は個人の倉庫に運ばれたと信じていたのである。

三月七日、三十二カ条の要求を提出したとき、処理委員会は責任の重大さを感じた。実行不可能な要求が含まれていたからである。例えば、島民以外の者には武器の所持を禁止することや、中央政府の軍隊を撤退させることである。また、官吏を威嚇する内容のビラや公布に処理委員は頭を痛めた。

その夜、国民党軍を乗せた船が大陸を離れ、東へ向かった。三月八日午前、処理委員会はこの一週間に発表した声明を削除したり、手直ししたりした。そして、これまでの処理委員会の行動を全面的に否認しようとしたが、もう手遅れであった。

報復による虐殺　三月八日正午、憲兵隊第四団（連隊）団長張慕陶《ちょうぼとう》少将は、処理委員会を訪れ、次のように声明した。

「民衆が軍隊の武装解除を求めなければ、社会的混乱が起こらないように保証する。島民の政治改革の要求は正当である。中央政府は台湾に対して、いかなる軍事行動をも起こさないことを命に賭けて保証する。台湾と民族に愛着があるからこそ、声明を出したのである。これらの政治改革実現に向けて、台湾が模範省になることを期待する。絶対に生命の安全を保証する」

台北市公会堂には、民衆と学生が数百人待機していた。人々は張慕陶の声明を真に受けて避難せずにいたが、数時間後にそこは修羅場と化した。

その日の午後三時、基隆の岸壁から機銃の音が聞こえた。銃声が大きくなるにつれて、銃撃は市街地まで広がってきた。国民党憲兵隊第四団の二個大隊が海平号で基隆港に停泊し、船からの連絡で進駐していた兵士と呼応して、銃を乱射し始めたのである。

夜になると、台北市内にも小銃や機銃の音が響いた。これは陳儀の島民に対する報復措置であった。この日から国民党軍は惨殺や強奪などの実力行使に出た。

翌日午後二時、第二十一師団の将兵八千人が太康号で上陸した。これらの軍隊は、米軍が払い下げた武器を持っていた。

避難のため、カナダの宗教団体が経営していたマッケイ病院に駆け込んだ米国人が目撃した情景を記述してみよう。

「病院の屋上からは、国民党軍の行動がよく見えた。人々は扉を閉ざして、家に引き籠もっていた。それでも逃げ遅れた者は、兵士による虐殺や強姦を免れなかった。

街を歩いていた島民が銃剣で刺殺され、女性を攫っていく兵士を追いかけた男が射殺された。カナダ籍と台湾籍の看護婦が、三人の助手を連れて道路を横切り、向かい側の路地へ駆け出した」

暫くして、瀕死の重傷者が担ぎ込まれた。病院の扉を開けた途端、兵士の銃口が火を吹いたが弾丸はそれた。当局は、国民党軍がマッケイ病院を銃撃したことを放送しなかった。

ある台湾籍の女教師は帰宅の途中、後ろから狙撃された。路上に倒れていたところをひったくりに遭い、通行人に近くの病院へ運ばれた。夜になっても銃声は絶えず、貧民の集まる万華一帯では、特に激しかった。

台湾警備総司令部は、三月十日までに違法組織を解散することを命じ、集会とデモを禁じた。軍隊が上陸したので、陳儀は勇気を取り戻し、三月十日の記者会見で次のように声明した。

「三月二日午後、わたしは中央や県・市の議員の中から代表を選んで、二・二八事件処理委員会を組織するよう勧めた。しかし、委員会は成立以来、医療などの善後処理に関心を持たず、その職責を越えた要求を行なった。三月七日に至ると、反動的な内容を含んだ調停綱領を発表した。したがって、県・市支部を含む処理委員会を廃止する。今後、台湾省の政治改革については省参議会に、県・市の意見は県・市の参議会に提出する。人民が意見を具申する場合は、書面をもって参議会に提出することとする」

陳儀は自ら承認した処理委員会を違法組織であると言葉を翻し、解散を命じたのである。

処理委員会に加わった代表たちに対する捜査が始まり、逮捕された者はすべて銃殺された。教師や学生・記者・弁護士・医者・商人などに広く捜査の手が延びた。一部の者は逃げ隠れ、ごく少数の者は日本や上海・香港などへ脱出した。

容疑者の身辺に他人の名刺や住所録があれば、その人まで捕らえられた。証拠が不充分であっても、拷問にかけられて法外な身の代金を掠め取られた。

処理委員会宣伝部長王添灯は、三月十三日に処刑された。銀行家陳炘は、病床から引き摺られて行った。コロンビア大学出身の哲学者で国立台湾大学文学院長兼民報社社長の林茂生は夜中に連行され、行方不明になった。採掘業者の顔欽賢《がんきんけん》は、処刑前に救出され、一命を取り留めた。国立台湾大学医学院長杜聡明は、逮捕者名簿に載せられたことを察知し、友人の家に隠れて難を免れた（七二頁参照）。

処理委員のうちでも、黄朝琴だけは漁夫の利を得た。後に、台湾第一商業銀行頭取や台湾省議会議長・国民党中央委員に登用されたのである。米国の要人が台湾を訪問するたびに、当局は黄朝琴を担ぎ出して二・二八事件を虚偽で飾り立てた。

三日間台北市内で銃を乱射した揚げ句、国民党軍は郊外へ標的を移し、沿道で威嚇射撃を行なって、人々の反抗を挫いた。三月十七日、島民は恐怖のどん底に陥った。一九三七年の日本軍による南京大虐殺を目撃した大陸出身の要人は、次のように述懐している。

「二・二八事件の報復大虐殺は、南京大虐殺に匹敵する悲惨さであった。南京大虐殺は戦争によるものだが、二・二八事件は国民党軍の自国民に対する残酷な報復であった」

一群の学生が刑場へ連行された。刑場といっても、台北近郊の河川敷や基隆の港湾である。死体は、学生服を着たまま現場に放置された。いつどこで銃殺されたか、知らされないため、遺族は遺体を引き取りに行くこともできなかった。

名簿に基づいて逮捕に来る酷吏は、本人が不在とわかると、その父や祖父または兄弟を捕まえて拷問する。刃向かう者があれば、その場で銃殺された。一家を挙げて、山の洞穴へ避難した者もいた。

当局の発表によると、三月九日夜に松山で五十人、北投で三十人が銃殺された。三月十三日までの五日間に、七百名以上の学生が台北で逮捕されたという。

この報復で殺害された無辜の民衆は、行方不明者を合わせて、二万から三万人といわれた。しかし、翌年の統計では六万人以上の人口の減少が見られた。このような弾圧や惨殺は、大陸出身者と島民との対立を更に激しくした。同時に、国民党支配から離脱しようとする台湾独立の思想が芽生えていった。これは、国民政府の台湾統治における最も大きな失策であった。

陳炘の非業の死　陳儀による報復は、反乱に加担した者を制裁するだけに止まらず、無辜の知識人にまで及んだ。各界の領袖が事件後に殺害されたが、犠牲になった台湾知識人の中でも、林茂生と陳炘の二人の俊英の死は痛惜に堪えない。無辜の二人の死は、台湾に大きな損失をもたらした。

陳炘の息子陳盤谷《ちんばんこく》が、父親を偲んで残した記録がある。

「二月の末に、不幸な事件が起きた。当時、父親は悪性マラリアにかかり、病に臥していた。ある日、陳儀長官が部下を差し向けて父親を呼びつけた。母親は病状が悪化するので、行かない方がよいと引き止めた。しかし、父親は、『国家の有事であるから、私事を優先して、公事を後回しにするわけにはいかない』と拒み、無理を押して会見することに決めた。

わたしが付き添って官庁まで行き、父親だけが長官室へ入った。室外で三十分ほど待っていると、父親は満足そうな笑顔で出てきた。

家へ帰って数日が過ぎた。三月十一日午前六時ごろ、突然門外が騒がしくなったので、わたしは床を離れた。応接間へ行くと、四、五人の警官が立っていた。そのうちの一人は、台北市警察署の刑事部長林致用《りんちよう》であった。挨拶しようとしたとき、母親に伴われて父親が入ってきた。父親はわたしの肩を軽く叩いて、『おかあさんの言うことをよく聞きなさい』と言った。そして、ジープに乗せられて去った。父親の姿を見たのはこれが最後で、まさか永遠の別れになるとは夢にも思わなかった」

陳炘が再び戻ってくることはなかった。三週間後、部下の陳逢源が台湾信託公司準備会の主任委員の職務を引き継いだ。五月三日、台湾信託公司は規模の小さい華南銀行に合併され、信託部として発足した。陳炘が警察に連行されてから、僅か五十三日目のことであった。

陳炘は祖国を愛しつつ、祖国の同胞に虐殺されたのである。

事件の後始末　三月十日、蔣介石は南京における記念週会（孫文を記念して毎週行なわれる国民党の会議）の席で、陳儀のために弁解した。日本統治の後遺症と共産党員の扇動で、反乱が起きたというのであるが、実際には、少数の台湾籍の共産党員が加わっていただけのことであった。

この日、南京の米国大使館の武官（大佐）が台北を視察に来た。軍服に勲章をつけた大佐は、国民党空軍の専用機で台北松山空港に降り立つと、中国人高級将校で組織された護衛隊の出迎えを受け、ジープで台北市内を巡視した。その後、官庁へ陳儀を表敬訪問した。陳儀は大佐に対して、事件の内容を歪曲して話した。

台北駐在米国領事館の領事は、大佐を昼食に招いて事件の真相を説明しようとした。ところが、招待していない陳儀の部下まで同席したので、真実を明かすことができなかった。夕方、大佐は南京へ引き返した。

三月十一日、事件をありのままに報道した民報社の印刷工場が当局に破壊された。十三日、二社を除いてすべての新聞は発刊禁止になった。二・二八事件の記事を正確に報道したため、当局を冒瀆したという理由であった。

この日、上海の台湾民主同盟は、台湾を国連の信託管理下に置くことを希望すると声明した。これを聞いた国民党の新聞局長彭学培《ほうがくばい》は、「台湾人は無責任で、無教養だ」と罵った。

三月十四日、当局が戸籍調査を実施することになった。全島各地を徹底的に調査するとともに、留用日本人を調べるためである。当局はその年のうちに、留用日本人を本国へ帰した。台湾人を扇動する恐れがあると懸念したからである。

三月十七日、蔣介石は国防相白崇禧《はくすうき》（一八九三―一九六六）を事件調査のために派遣し、陳儀が直面している危機の打開を図った。白崇禧はラジオを通じて、陳儀の悪政を正当化し、島民の反抗を激しく批判した。

三月二十二日、国民党中央執行委員会が陳儀を弾劾し、免職を迫ったところ、陳儀は自ら辞表を出した。蔣介石は三月三十一日になって、漸く陳儀の辞表を受理した。

一九四九年二月二十三日、陳儀は浙江省主席在任中に共産党のスパイだという容疑で、京滬衛《けいこえい》戍《じゅ》総司令官湯恩伯《とうおんはく》に逮捕され、翌年六月十八日、台北郊外で蔣介石の命によって銃火の餌食となった。陳儀の処刑について、実際は陥れられた冤罪であると、『李宗仁《りそうじん》回憶録』の中に記されている。このような形で最期を遂げたのは皮肉であるといえるだろう。

林献堂の日本への亡命　それまで台湾の民族運動を指導してきた林献堂にとって、二・二八事件によって受けた衝撃はあまりにも大きく、結局、自ら放逐の道を選ばねばならなかった。

一九四七年三月一日、彰化銀行が改組され、株主総会が開かれた。既に中部にも二・二八事件が波及しており、総会に列席していた台湾省財政処長厳家淦《げんかかん》を、林献堂は霧峰の自宅に匿い、国事や地方行政の改革の必要性について議論した。大陸出身の厳家淦の身の安全を期すために、林献堂が台北まで送った。

武力による闘争を好まない林献堂は、黄朝清に依頼して台中地区処理委員会に保安委員会を作らせた。呉振武《ごしんぶ》を主任に据え、台湾共産党の謝雪紅の行動を牽制した。

三月十七日、国防相白崇禧が台湾を視察に来たさい、林献堂・邱念台は台北賓館へ呼ばれ、事件の善後策について意見を求められた。五月十六日、林献堂は台湾省政府委員に任命され、翌年六月十日台湾省通誌館の設立とともに館長に納まった。

一九四九年九月二十三日、林献堂は眩暈《めまい》の治療を受けに日本へ行くと、そのまま自分の住居を遁楼と名づけて隠遁したが、望郷の念が強く、帰るに帰れない葛藤に苦しんだ。その心境を林献堂は次のように詠じている。

帰臺何日苦難禁
高論方知用意深
底事弟兄相殺戮
可憐家國附浮沉
解愁尚有金湯酒
欲和難追白雪吟
民族自强曾努力
廿年風雨負初心

帰台《きたい》何《いず》れの日《ひ》か　苦《くる》しみ禁《きん》じ難《がた》し
高論《こうろん》方《まさ》に知《し》る　用意《ようい》深《ふか》きを
底事《なにごと》ぞ弟兄《ていけい》　相殺戮《あいさつりく》し
憐《あわ》れむ可《べ》し　家国《かこく》　浮沈《ふちん》に付《ふ》す
解愁《かいしゅう》するに尚《な》お金湯酒《きんとうしゅ》有《あ》り
和《わ》せんと欲《ほっ》すれども追《お》い難《がた》し　白雪吟《はくせつぎん》
民族《みんぞく》の自強《じきょう》　曾《かつ》て努力《どりょく》し
廿年《にじゅうねん》の風雨《ふうう》　初心《しょしん》に負《そむ》く

一九〇七年に初めて梁啓超の知遇を得たとき（三四頁参照）、「元は同じ民族でありながら、今は異国の民となっている」と聞いて、林献堂は胸が締めつけられる思いであった。その後、長年にわたって奮闘した末に、同じ国の民に戻ることができた。だが、それも束の間で、引き続いて変動が起こった。

武力によって威嚇されて米を供出させられ、土地改革のために一族の土地も奪われた。また、二・二八事件は心に深い傷痕を残した。国事に対する主張や進言も容れられず、もはや意欲をなくした。林献堂は、この渦中から離脱しようと決心し、望郷の隠士となったのである。

渡日後、林献堂は台湾省通誌館長の職を辞し、一九五〇年に台湾省主席呉国楨から省政府顧問の招聘があったときも辞退した。翌年、次のような感慨深い詩を詠じた。

亂絲時事任逆邅
夜半鐘聲到枕邊
底事異鄕長作客
恐遭浩劫未歸田
萬方蠻觸爭成敗
遍地蟲沙孰憐憫
不飲屠蘇心已醉
太平何日渡餘年

乱糸《らんし》の時事《じじ》　逆邅《ぎやくてん》に任《まか》せ
夜半《やはん》の鐘声《しようせい》　枕辺《ちんぺん》に到《いた》る
底事《なにごと》ぞ異郷《いきよう》に長《なが》く客《かく》と作《な》る
浩劫《こうこう》に遭《あ》うを恐《おそ》れ　未《いま》だ帰田《きでん》せず
万方《ばんぽう》の蛮触《ばんしよく》　成敗《せいばい》を争《あらそ》い
遍地《へんち》の虫沙《ちゆうさ》　孰《たれ》か憐憫《れんびん》せん
屠蘇《とそ》を飲《の》まざるに心《こころ》已《すで》に酔《よ》い
太平《たいへい》何《いず》れの日《ひ》か　余年《よねん》を渡《わた》らん

一九五三年、林献堂は台湾省主席兪鴻鈞《ゆこうきん》によって省政府顧問に任じられた。滞日中は、病に苦しみながらも国事に関心を寄せていたが、常に流言に悩まされた。一九五四年に弟の林階堂《りんかいどう》を、五五年に二男の林猶竜を続けて亡くし、大きな打撃を受けた。

そのようなときに当局の命を受けた蔡培火が渡日し、帰台を勧めたが、林献堂は蔣介石の秘書長張群宛《ちようぐん》に書簡を託して東京に止まった。一九五六年九月八日、林献堂は肺炎を併発して異郷の地で没した。享年七十五歳であった。

二・二八事件記念碑の建立　国民党独裁政権下の台湾では、二・二八事件は単に暴徒による陰謀と片づけられてきた。事件について、当局は何も語らず、人民には何も言わせない期間が続いた。

一九八七年、四十年来の禁忌を破って、民衆は二・二八事件記念式典を敢行し、国民党に対して、事件の真相を忠実に公開するとともに不当な虐殺の事実を認めるよう求めた。

その後、李登輝総統の指示で政府は事件調査委員会を設けた。一九九二年、当局は台北市に二・二八事件記念碑を建立することを約し、一万字に及ぶ調査結果の報告書を公表した。そこには、事件の発端や抗争の経過、軍隊による鎮圧・虐殺などについて詳細に記されており、この中で、国民党は初めて陳儀の不当な処置を認めた。

しかし、事件の鍵を握る肝心な資料は、軍事機密という理由で公開されていない。例えば、死傷者の数や陳儀と蔣介石が交わした公文書などは、国民政府が大陸から撤退するさい、南京から台湾へ持ち出されたはずである。それにもかかわらず、報告書は民衆が納得できるものとはいえず、史料とするにも完璧ではなかった。機密文書の公開や公式謝罪、賠償問題が解決しない限り、台湾戦後史の闇の中で流された涙は消えない。

この年、二・二八事件四十五周年を迎え、国家音楽庁で二・二八記念音楽会が開かれた。来賓の李登輝総統は、「勇敢に事実を見詰めてこそ、心を氷解させ、歴史を教訓とすることができる」と挨拶した。

一九九三年、事件後四十六年目にして、中央政府と民間の共催による、二・二八事件記念碑建立の鍬入れが台北市新公園で行なわれた。内政部長（大臣）呉伯雄《ごはくゆう》、台北市長黄大洲《こうたいしゅう》、建立委員の陳重光《ちんじゅうこう》と林宗義《りんそうぎ》らが出席し、受難者の遺族約百人が見守る中で、厳かに進められた。呉伯雄は、式典で次のように挨拶した。

「二・二八事件は、台湾の歴史であり、中国歴史の不幸な事件であった。四十六年後の今日まで、その傷跡は残っている。記念碑を建立するのは、単に記念するばかりではなく、歴史的な過ちを二度と繰り返さないことを望むからである。更に、受難者の登録を一九九三年六月まで受け付けるので、遺族は速やかに戸籍係へ届け出るように望む」

二、国民党への反感高まる——議場の大砲、郭国基

熱血青年

郭国基《かくこくき》（一九〇〇—一九七〇）は一九〇〇年四月十日、日本統治下の台湾高雄州の屏東に生まれた。学齢期になると、地元の東港公学校に入学した。台湾総督府の初期の教育政策は、初等教育での日本語の読み書きと会話を重視しており、中等・高等教育は積極的に行なわれていなかった。

公学校を終えた郭国基は、キリスト教系の長栄中学校に入学した。台湾人が中学校へ進むことは少なかったため、日本人から白眼視された。

島民の向学心を抑えるため、台湾には専門職のための学校が多く、しかも島民の入学できる枠は限られていた。郭国基は十七歳のとき、日本留学を志し、予科を経て明治大学で政治学を学んだ。

日本で大正デモクラシーの民主的な風潮に触れた郭国基は、総督府の政策に不満を抱き始めた。当時、第一次世界大戦下で米大統領ウィルソンが唱えた民族自決の理念が世界に広まっていた。台湾人留学生たちもその影響を受けて、民族意識に目覚めた。

一九二〇年一月、蔡恵如らは困難を顧みず、東京で新民会を創設した（三九頁参照）。郭国基は、幹事を六期も務め、総督府が加える桎梏から離脱するよう島民に呼びかけた。また、雑誌『台湾青年』の編集を担当して、「戦争の教訓」「旅順・大連の禍根」などの記事を書いた。

総督府は懐柔政策をとり、毎年一回東京で台湾人留学生を宴席に招待していたが、一九二一年、郭国基は留学生たちを唆して、全員を欠席させた。翌年、郭国基は台湾議会期成同盟に加わった。

一九二三年の夏、郭国基は東京で台湾学生文化講演団を組織した。後に台湾文化協会の要請で、台湾全島の巡回講演を行なったが、彰化の天公壇では、総督府の植民地政策を激しく批判したため、警官に講演を阻止された。このように、学生の集会や群衆の前でも民族の大義を説き、官憲の権力を恐れなかったので、林献堂は郭国基の勇敢な行動を称え、大砲と呼んだ。

民族運動　民族意識の強い郭大砲は、中国大陸に憧れていたので、明治大学を卒業した一九二五年の夏、朝鮮を経て満州から北京へ渡った。郭大砲は、中華民国総統代理の黎元洪《れいげんこう》に一万言に及ぶ台湾総督府の弾圧を記した報告書を呈上し、中国政府に援助を求めた。だが満足な回答は得られず、仕方なく東京へ戻った。

一九二六年一月、東京で張作霖《ちょうさくりん》の部将郭松齢《かくしょうれい》の追悼会が行なわれた。席上で、郭大砲は後に新疆王となった盛世才《せいせいさい》と知り合い、中国国民党東京支部の秘密党員となった。

一九二九年、郭大砲は日本人の鈴木久代と結婚し、台湾に住居を構えた。国民党秘密党員の身分を隠すために抗日運動は控えめにし、長栄高等女学校で教鞭を執る傍ら、高雄州の民事調停官を兼ねていた。

一九四一年十一月、抗日派が高雄・東港・澎湖地方において漁船を集め、東港・枋寮周辺の海岸で国民政府軍の上陸作戦に呼応しようとした。千余人が逮捕され、郭大砲も第一審で無期懲役、第二審で十年の刑を言い渡されたが、入獄して三年八カ月目に病気療養のため仮釈放になった。特に東港地方の逮捕者が多かったので、この事件は東港事件といわれている。

戦争が終結すると、国民党軍が台湾へ進駐してきた。その年の十月初旬、郭大砲は東港事件の被疑者を率いて、特高への報復を始め、潮州警察署の仲井清一課長を宿舎から強引に連れ出し、高雄近郊の橋の下で殺害した。また、熱狂的な性格の郭大砲は、高雄要塞司令官彭孟緝少将に五百人の兵士を貸してほしいと願い出た。彭孟緝は、「どうするつもりか」と訊いた。

「澳門を奪還してきます。もし、五百人の兵士が無理なら、五百人分の装備を貸してください」

郭大砲は、その装備で五百人の志願兵を募って、澳門を攻撃するつもりであった。ポルトガルを欧州で最も弱い国だと軽く見ていたのである。奪還に成功すれば領土と人民を当局に返し、万一失敗した場合はすべての責任を負うという。このような無謀なことを、彭孟緝が承知するはずはなかった。

議場の大砲　戦後、郭大砲は政界に第一歩を踏み出し、中国国民党高雄支部兼台湾支部指導員に就任した。一九四六年三月、高雄市参議会議員の中から台湾省参議会議員を一人選出することになり、郭大砲が選ばれた。

議場に臨んだ郭大砲は、特務工作員出身の高雄市長連謀《れんぼう》に質問した。

「高雄市役所は、恵安県の植民地になってしまったのではないか」

連謀は福建省恵安県の出身で、市長に就任すると、要職にすべて同郷の者を登用したからである。この発言は、大きな波紋を投げかけた。

台湾省参議会においても、陳儀長官に大胆な質問を行なった。

「台湾は中国に復帰したのであって、中国の軍事占領地ではない。速やかに軍政を止めて、地方自治を実施すべきだ。そして、なるべく島民を起用してもらいたい」

陳儀は、「台湾には、政治に長けた人材がいない。当局の悪口をいう者は、官吏になりたがる者ばかりだ」と答えた。郭大砲は、「台湾に人材がいないとわかっているのなら、なぜ育成しようとしないのか。わたしは省政の不当を指摘しているだけで、決して官吏になりたいのではない」と言い返した。

しかし、郭大砲の提議は空砲に終わった。陳儀の苛政は改まることがなく、ついに二・二八事件を引き起こしたのである。

二・二八事件が起こったとき、郭大砲は農林関係の官吏と台東を視察していた。ところが政治上の怨恨が原因で、三月九日高雄憲兵隊に逮捕され、台北憲兵隊・軍事法廷・台湾高等裁判所を転々として獄中生活を送った。二百十日経って漸く無罪放免になったが、それ以来、郭大砲は国民党を離脱して台湾の民主運動に身を投じた。そして、国民党の苛政に憎しみの目を向けるようになった。

議会における郭大砲の質問の内容は、外交や国防・内政・環境衛生など広範囲にわたっていた。日本に自衛隊ができたとき、軍事侵略を恐れた郭大砲は、当局を通じてマッカーサー元帥に抗議した。

台湾には、ルーズベルト路やマッカーサー路など、米国の偉人の名で呼ばれている道路がいくつかあったが、台湾は米国の植民地ではないのでそれを改めるように、郭大砲は議場で意見を述べた。

国民党が台湾へ追われて四十数年間、国会議員が改選されることはなかった。郭大砲は、国会議員の改選や言論の自由、陪審制度の導入をたびたび提案したが、いずれも容れられなかった。

国立台湾大学の経費は、台湾省政府の予算に計上されていた。したがって、台湾大学に何か改善を求める場合は、台湾省参議会に総長を列席させることがあった。一九五〇年十二月二十日、中国大砲と異名を取る高名な歴史学者傅斯年《ふしねん》総長は、郭大砲の質問を受けた。二人が議論を戦わしている最中、傅斯年は脳卒中で倒れて死んだ。世間は傅斯年を死に追いやったと、郭大砲を非難した。

翌日の午前十一時ごろ、二百余人の学生が「痛失良師」と書いた幟を掲げて、台湾省参議会の会場に押しかけた。学生や記者から感想を求められ、郭大砲は次のような持論をぶちまけた。

「傅先生は立派な学者で、尊崇に値する人物であった。政治家は国のために尽くす以上、議場で死んでも心残りはない。これはちょうど将兵が戦場で死に、水兵が海葬を求めるようなもので、光栄なことである。傅先生の英霊が、わたしをも議場における名誉の死へ導いてくださるのを待ち望んでいる」

街頭演説の名人　郭大砲は、台湾省参議員を六年間務めて、知名度が高まった。一九五一年の台湾省議員選に立候補したが、汚職事件に巻き込まれて人気を失った。一九五四年の選挙には出馬せず、戸籍を台北市へ移した。そして、一九五七年に台北市で選挙戦を繰り広げた。

「六年間退いていたため、わたしの砲口も錆びついてしまったかもしれない。台北市は人材に恵まれ、名士の揃った所である。台北市に住む候補者は、落選を恐れて出身地へ戻って出馬する人が多い。というのは、市民の政治意識が強いうえに判断力に富み、人に鼻を引き摺られて動くのではなく、正義感に溢れた水準の高い市民ばかりだからである。それで、わたしは台北市を出馬の地に選んだのである」と、郭大砲は爽やかな弁舌で説き、独特の戦略と戦術を駆使して選挙戦に臨んだ。そのうえ、『東周列国志』『三国志演義』『隋唐演義』の中の故事を引いて有権者を説き伏せ、台湾の選挙史上、最も成功した街頭演説家となった。

その選挙戦は綿密に計画されたものであった。前もって、台北市長選に立候補した高玉樹《こうぎょくじゅ》と黙約を結び、地元の名士の承認を得ていた。宣伝ビラは、一回り大きいものを用意して目立つようにし、その内容には受難時代の経歴と、国策・憲法・社会福祉などについての政見を印刷してあった。

宣伝用の車には、大砲を象ったブリキ板を載せて目印とし、拡声器からは瀬戸口藤吉が作曲した「軍艦行進曲」を流して気炎を上げた。この曲を聞いただけで郭大砲とわかり、有権者は声援を送ったが、国民党の係官は、日本軍国主義の名残だといって、止めさせようとした。そこで、郭大砲は機転を利かして、「『軍艦行進曲』は、もともとドイツ人が作った曲で、日本軍がそれを取り入れたものだ」と、出任せを言って急場を凌いだ。大胆不敵な郭大砲の嘘であったが、これを真に受けた官吏も愚かであった。

報道機関は国民党に統制されていたので、郭大砲に関する情報は完全に黙殺されていた。一党独裁の台湾では、無所属の候補に対して不当な選挙規制が多かった。それにもめげず、郭大砲は政見発表会に臨んだ。有権者は好奇心に駆られ、郭大砲の政見発表を聴きに集まった。

竜山寺に設けられた会場に臨んだとき、係官は郭大砲が遅刻したという理由で演説を差し止めた。郭大砲は阻止する係官を振りきって演壇に上り、滔々たる弁舌を振るった。

「わたしが家を出るとき、妻は演説を止めないと面倒なことになると言った。今また、わたしに演説をさせない人が現れた。たとえ、ロシアの陸軍、米国の空軍、英国の海軍を出動させても、この郭大砲の口を塞ぐことはできない」

警察学校に設けられた政見発表会場に臨んだときには、郭大砲は台湾語で演説した。大陸出身の聴衆からは非難を浴びたが、郭大砲は舌端を吐くがごとく、こう皮肉った。

「台湾は、既に地方自治を実施している。台湾人のすべては尊重されるべきだ。わたしは台湾に生まれ、台湾の水を飲み、台湾の米を食べて成長したのだ。日本統治時代でさえ、台湾語は禁止されなかった。台湾人に台湾語を話すなというのか。きみたちは、ちょうど乞食が堂守りを追い出すようなものだ。荊州を借りた関羽《かんう》が、荊州を乗っ取ったようなものだ。醤油をつけさせたら、皿までかっぱらっていくようなものではないか」

選挙戦が熾烈になるにつれて、各紙は沈黙を守りきれなくなり、郭大砲の選挙活動や、「軍艦行進曲」を批判し、台湾の山本五十六元帥と揶揄してその砲道は理に適っていないと書き立てた。しかし、中傷は却って有利に働き、郭大砲の名声は全島に知れ渡った。開票の結果、郭大砲は七万五千九百四票を獲得し、第二位で当選した。

郭国基・李万居《りばんきょ》・郭雨新《かくうしん》・呉三連・李源桟《りげんさん》の五人は鋭い弁舌で政治を批判するので、議場の五虎将と名づけられた。また、五虎将に許世賢《きょせいけん》を加えて、五竜一鳳と呼ばれ、台湾省議会史上に特異な一頁を残した。

一九六〇年五月、台湾省議会議員の改選に当たり、郭大砲は前回の余勢を駆って、再び台北市から出馬を企てたが、対立候補の攻撃の的となり、孤立状態に陥った。そこで、戦法を変えて低姿勢で選挙戦に臨み、今度は最高得票で当選した。台湾では国民党員の候補が不利になると、投票箱を摩り替えたり、棄権票を不正に活用したりするので、無所属で人気のない候補が当選するのは容易ではない。

今度の選挙でも、国民党の内部で不正行為があった。郭大砲は、落選した李連麗卿《りれんれいけい》・宋霖康《そうりんこう》と連携して台湾高等裁判所に訴え、台北市選挙管理事務所の違法行為を指摘し、当選無効を求めた。当選者自らが無効を主張したので、報道陣を騒がせた。

新政党の結成　一九六〇年五月十八日、中国民主社会党本部で地方選挙討論会が開催された。郭大砲は、この席上で国民政府の選挙制度の腐敗を批判した。そして、国民党に対抗できる力強い野党を結成しない限り、公平な選挙は望めないと訴えた。

「今の民主社会党や青年党の力では、あまりにも弱すぎる。国民党は、中華民国の創設に貢献したといって、革命成功後の果実を独り占めにしてきた。それで思うままに独裁権力を振るい、民主社会党と青年党の糾弾を無視している。したがって、民主社会党と青年党は解散し、台湾人有力者とともに野党を結成して立ち向かわねばならない」

郭大砲の勧告は、新政党結成の起爆剤となった。やがて、中国民主党が結成の運びとなり、郭大砲は十七名の召集委員の一人に任命された。ところが、国民党が圧力をかけたために新政党は誕生しなかった。

一九六一年一月、郭大砲ら十一人の有志で結成した新政党助選団は、無所属の県会議員に二割以上の議席を勝ち取らせた。

一九六三年四月、郭大砲は台湾省議員選に再出馬した。国民党の候補は妨害に取りかかり、無所属候補も連合して、郭大砲を追い詰めた。そのため、郭大砲の支持率が低くなり、対立候補に激しく中傷された。

「郭大砲は南部の出身だ。当選したところで高雄へ帰ってしまう。台北の人は地元の候補を選ぶべきだ。郭大砲はもう年を取った。もっと若い人を選ぼう」

最終日になると、対立候補は離間策を講じた。

「郭大砲は、もう最高得票に達している。十万票を獲得し、一位で当選するのは確実だ。たとえ、八万票でも当選はできる。これ以上票を与えても無駄だ。それより、無所属の候補をもう一人当選させるほうが賢明だ」

有権者は、この巧言に惑わされた。そのため、郭大砲は六万票を得たものの落選した。報道陣が駆けつけて感想を訊くと、「何も言うことはありません」と答えた。

議場で命を断つ

一九六七年六月に直腸癌の手術を受けてから、郭大砲の体は衰えていった。その翌年、立候補に先立ち、家人に反対されるのを恐れて、「政治家には定年がない」と言い含めた。そして、再び闘志を燃やし、出身地の高雄から出馬した。ところが、対立候補が、「郭大砲は既に死んだ」と、デマを飛ばした。郭大砲は巧みな話術で有権者を説き伏せた。

「わたしが高雄で台湾省議員の選挙戦に臨むのは、最初で最後かもしれない。精神は若いが、もう六十八歳になった。例えば、苦力《クーリー》(肉体労働者)の仕事をせよ、オリンピックで金メダルを取れ、妾を持てといわれても、わたしにはできない。

だが国策を練り、人民の権益と福祉を勝ち取れというなら自信がある。百万の敵陣に乗り込んで、敵将の首を取るのは、嚢中の物を取るようなものだ」

選挙戦の最終日には、「わたしに、議場で死ぬ栄誉を与えてください」と連呼した。有権者はこの悲壮な言葉に感動し、五万を超える高得票で郭大砲を当選させた。病苦を抱えて議場に臨む郭大砲は、春蚕《はるご》は死ぬまで糸を吐き続けるという印象を人々に与えた。

郭大砲の最大の願望は、国会議員になることであった。一九七〇年一月、国会議員の補欠選挙が行なわれた。郭大砲は全精力を振り絞って南部の十一の県・市を回り、数百万の有権者に訴えて、最後の一戦を勝ち取った。だが翌月、直腸癌の再発で国立台湾大学付属病院に入院し、療養生活を送ったが、五月二十八日未明、尿毒症を併発して世を去った。かつて、議場で死ぬ栄誉を与えてほしいと望んだとおり、それを全うしたのである。

三、抵抗する文学者たち――台湾文学界の第一人者、呉濁流

国語学校に入る

呉濁流は一九〇〇年六月二日、日本統治下の台湾新竹州の新埔に生まれ、一九七六年十月七日に没した。濁流は字で、本名は建田といい、又の号を饒畊《ぎょうこう》といった。漢方医の祖父は、陶淵明に私淑していたので菊の花を愛し、詩を吟じて七十二歳の生涯を全うした。漢学者の父呉秀源《ごしゅうげん》は、呉濁流が公学校に入るまで漢学を教えた。

一九一六年、新埔公学校を卒業した呉濁流は、台湾総督府国語学校師範部に進んだ。当時、国語学校は台湾における教育の最高学府であった。学費はすべて公費で、食住のほか小遣いも給付された。教官は大学と同じように教授、助教授と呼ばれ、待遇も大学の教官に準じていた。だが、教科書の内容は日本の中等学校にも及ばなかった。

優秀で進歩的な教官は、呉濁流らを大学生と見做して、教科書以外の高度な学問を授けた。天文学の教官は、月夜に天体望遠鏡を覗かせて宇宙への興味を抱かせた。教育学の教授は教科書を使わず、心理学・論理学・倫理学の講義を口述筆記させた。だが、呉濁流らの国語の教官は保守的で、教科書以外の講義はしなかった。

漢文の教官には、鄧盛柔（一〇五頁参照）のような優秀な漢学者がいた。訓読を教える伊藤教官は北京に留学したことがあり、漢文の朗読はまるで吟詠するように耳に心地よかった。

太田秀穂校長や矢田教官・八沼教官らは熱心な教育者で、島民を愛し、教育水準の向上に努めた。

呉濁流が卒業する一年前に、国語学校は台北師範学校と改称された。四月に入って呉濁流らが最後の学年を迎えると、教育実習のための教材研究や修学旅行などで忙しくなった。修学旅行は十八日間の予定で日本へ赴いたが、往復に船で六日間を費やしたので、実際に滞在したのは十二日間であった。

京都における二日間に、呉濁流は日本の文化の真髄に触れ、思わぬ収穫を得た。日本の女性は美しく親切で、皆が文化人に見えた。台湾の日本人女性には島民を蔑視する傾向があったが、京都の女性にはそうした傾向は見られなかった。

「張《ちょう》さんは男前ですね。わたしも台湾へ行ってみたいわ」と、桃色の顔をした旅館の女中は冗談まじりに言って、同級生の頬を軽く撫でた。これを見た呉濁流は、日本人に対する認識を変えなければならないと思った。

東京では三日間高砂寮に泊まり、台湾人留学生の歓待を受けた。歓迎会の席上、爵位を持つ寮長が民主主義について述べた。日本人にもこんな立派な人がいるのか、と呉濁流は感心した。続いて、台湾人留学生が代わるがわる政治や社会問題について演説し、悲憤慷慨をぶちまけた。呉濁流は理に適っているとは思ったが、あまりにも現実から飛躍した内容で、すべてを受け入れてよいものかどうか迷った。

旅行から帰った呉濁流は、民主主義の新思潮に情熱を掻き立てられて図書館に通い、民主主義に関する本を読み漁った。そのうちに、卒業後に教員となってからの待遇を皆が問題にするようになった。四年生は毎晩食堂に集まって不平を訴え、討論の結果、待遇改善の運動をすることに意見がまとまった。実行委員を選出して、冬休みに先輩たちへ呼びかけて協力を求める手順になった。

だが年が明けると、当局は教員の昇格令を公布した。これまでは訓導だったのが、本島人は内種教諭に、日本人は甲種教諭に昇格することになった。したがって、呉濁流らの運動は必要がなくなった。

公学校の教員となる

卒業すると呉濁流は故郷へ帰り、四月に照門分教場の教員に任じられた。新調の文官服に剣を佩《お》びた呉濁流の雄姿は、村人の注目の的となった。分教場は四学級だけで、主任のほか二人の代用教員と呉濁流が授業を受け持った。

主任は日本人の熱心な教育者であったが、五月に肺結核で新竹病院に入院し、三カ月後に病死してしまったので、呉濁流が後を継いで主任となった。

翌年、照門分教場は公学校に昇格し、日本人が校長を務め、呉濁流は五年生と六年生の授業を受け持つことになった。この時期に林献堂・蔣渭水らは、台湾文化協会を組織して活動を始めていた（四八頁参照）。

当局は、政治運動が僻地に波及するのを食い止めようと策を講じ、新埔の本島人公学校教員や中等学校出身者を籠絡して公学校長を顧問に据え、青葉会という会を作らせた。十数人の会員は毎月二回会合を持ち、さまざまな問題について討議を行なった。呉濁流は積極的に発言して、穏健な人たちの胆を冷やした。そのため、区域を縮小するという名目で、呉濁流をはじめとする照門公学校の会員は青葉会から外された。

一九二一年、新竹州教育課の募集論文集に呉濁流は、「学校教育と自治について」と題する論文を発表したが、内容が過激であったため当局に睨まれ、翌年の三月苗栗の四湖公学校への転任辞令が下りた。

四月十四日、呉濁流は不安な心情で四湖公学校へ向かった。汽車で銅鑼駅まで来て、公学校への道順を訊いたが、知る者はいなかった。そこで派出所で尋ねると、四湖にはなく鴨母坑にあることがわかった。もとは鴨母坑公学校といったが、地方制度の改革で現在の名称になったのであった。苗栗から徒歩で山を越えると約二時間かかるうえ、荷物は人夫の運搬に頼らねばならないという。

一年前までは、製糖会社のトロッコが銅鑼と四湖を往復していたが、今は滅多に運行しない。だが、製糖会社へ依頼すればなんとかなるだろうと警官が教えてくれたので、呉濁流が製糖会社の駐在所の主任に訳を話すと快く了承してくれた。トロッコを操作する人夫は、主任が手を尽くして捜してきた。

人夫の経験が浅いうえに、トロッコのレールが錆びついていたので、呉濁流は不安でならなかった。案じたとおりトロッコが走り出すと、轟音は物凄く、恐怖が全身を突き抜けた。いくつか村落を通り過ぎたが、眼前の景色を愛《め》でるどころではなかった。どれくらい時間が経っただろうか、漸く商店街らしい町並みが見えた。緊張が解け、ほっとするうちに降車場に辿り着いた。

目の前に、全校の児童が二列に並んで出迎えていた。呉濁流は急いでトロッコから飛び降りた。四湖公学校は六学級あり、教員は六人、校長と教頭だけが日本人であった。交通が不便なため、呉濁流はなるべく外出せず、読書に明け暮れた。政治や経済・教育について思索しているうちに、ここは次の世代を育成する絶好の場であると考え直した。

学期ごとに児童の検診が行なわれる。その都度、校医の羅阿謹《らあきん》がはるばる通霄から通ってくる。校医は台湾文化協会の会員で、呉濁流の宿舎を訪れては文化運動の必要性を説いた。しかし、教職にある者が台湾文化協会に加入すると当局に睨まれ、職を解かれることも少なくなかった。呉濁流は、文化運動をする意義はあるが、職を失うには時期が早すぎると考え、加入しなかった。

日本が統治してから二十五年、台湾の就学率は平均五〇パーセント弱で、四湖において男子は三〇パーセント、女子は一三パーセントに満たなかった。義務教育の前途は厳しかったのである。

二学期になって、呉濁流は台北師範学校で行なわれる三カ月間の訓導講習会に参加した。受講すれば丙種から乙種教諭に昇格できる。休暇を利用して実家へ帰ると、父親にいきなり見合いを勧められ、仲人に伴われて隣村へ相手を見に行った。十メートル先を歩いている女性が見合いの相手と聞かされたが、呉濁流は一瞥しただけで帰った。

冬休みに帰省したときには、正式に見合いをさせられた。当時の風習では、特に問題がなければ結婚することになっていたので、家族と相談した結果誰にも異存がなく、縁談が整った。

結婚生活に入る　呉濁流は一九二四年四月に五湖分教場へ転任し、九月三十日に十八歳の林《りん》先妹《せんまい》と式を挙げ、五湖で新婚生活を始めた。結婚式に写真を写せなかったので、帰省のついでに新竹へ行き、日本人が営む写真館で記念写真を撮った。

故郷で冬休みを過ごし、五湖へ帰る途中、写真館へ寄った。出来上がった写真を見ると皺のような影があり、呉濁流は、「あまりよくないね」と呟きながら金を払った。写真館を出ると、店主らしい男が聞こえよがしに店員に言った。

「あの清国奴《チャンコロ》、何を言ってるんだ」

呉濁流は怒りが込み上げてきて顔色を変え、引き返そうとしたが、妻が袖を引っ張って優しく止めた。

「もう汽車が出るわ。早く行きましょう」

呉濁流は渋々妻に従ったが、汽車に乗ってから思い返すとますます憤懣が募り、「なぜ、勇気を出して直ぐに言い返さなかったのか」と悔やまれてならなかった。妻は写真を何度も取り出して、「わたし、綺麗に写ってるわ」と、満足そうに眺めている。呉濁流はなお腹が立って、写真を破ってしまった。驚いた妻は、残りの二枚を懐に抱いて泣き出した。妻に済まないと思ったが、呉濁流には店主の言葉が許せなかった。妻は「清国奴」の意味を知らなかったので、あまり傷つかなかったのだろう。

一九二五年二月、急に熱が出て咳が止まらなくなったため、医者の診察を受けたところ、呉濁流は急性肺炎と診断された。当時は特効薬がなく、肺炎にかかれば十中八九死亡していた。医者は、痛む所に消炎鎮痛の膏薬を貼っただけで、全く効果がなかった。

駆けつけた父親が白虎湯と大八宝散を飲ませると、二服で熱が下がって痛みもなくなった。後に呉濁流は、白虎湯は劇薬で、これが効かなければ命はなかったと聞かされた。熱が下がってから駕籠に乗せられて故郷へ帰り、一カ月静養した。

一九三二年、新竹州衛生課が行なった教員集団検診で、呉濁流は結核の疑いがあると指摘された。そこで、台北の赤十字病院で診察を受けたところ、異常がなかったのでもう一度台北病院で診てもらうと、肺浸潤と診断された。就労は可能であったが、呉濁流は一年間休職し、三分の一の俸給に甘んじて自宅で療養した。

袖川教師との出会い　そのころ、五湖分教場は独立して公学校になった。学級の増加とともに教員が増え、その中に高等女学校を卒業したばかりの袖川という女子教員がいた。袖川は、暇さえあれば小説を読んでいる文学少女であった。袖川は台湾生まれの日本人二世で、日本人の校長より呉濁流らの本島人教員と親しく、毎晩、呉濁流の家を訪れて文学談義に興じた。

あるとき、呉濁流は小説を書くのはさほど難しくない、と口を滑らせた。それを聞いた袖川は、「できるなら、やってごらんなさいよ」とけしかけた。経験はなかったが、呉濁流は三日ばかりで処女作の小説「くらげ」を書き上げた。袖川はそれを読んで感動し、呉濁流の代わりに雑誌『台湾新文学』に投稿したところ、思いがけず掲載された。呉濁流は続いて「ペンの雫」を書き、袖川に励まされながら更に創作に勤しみ、『台湾新文学』の懸賞小説に応募した「どぶの緋鯉」は一等賞をとった。

そんなころ、袖川に縁談が持ち上がった。相手は台湾人だが、日本人の通う小学校を経て、師範学校を卒業した富豪の御曹子である。二人は、交際して結婚の意志を固めていた。ある日、視学が袖川を呼び出し、厳しく詰問した末に袖川を転任させた。袖川は結婚を諦めて五湖から旧港公学校へ赴任した。それ以来、袖川が呉濁流と会うことはなかった。

戦時下の教員生活　一九三七年、呉濁流は関西公学校の首席訓導に昇進した。「自然へ帰れ」「五百銭の芋」「功狗」などの作品は、この時期に発表したものである。しかし、仕事が忙しくなったのと、『台湾新文学』の休刊で発表する場を失ったことで、やむをえず創作活動を停止した。

戦雲が垂れ籠める中で、当局は皇民化運動を強く推し進めた。国民総動員の下に青年団を組織させ、関西公学校では卒業生を四百余人集めて週に一回の訓練を行なった。一つの学校を一大隊とし、その下に三中隊を置き、中隊を更に三小隊に分けた。大隊長と中隊長は日本人教員が担当し、小隊長は台湾人教員が受け持った。

午前は主に軍事教練で、ほかに精神訓話があり、大和魂を吹き込み、国体明徴、大義名分を説くのであった。午後は勤労奉仕をさせられた。訓練はすべて公学校の校庭で軍隊式に行なわれ、青年団員は殴打されたり、大声で怒鳴られたりした。これらの行為は、純真な児童にも影響を及ぼした。あるとき、有力者の児童が日本人教員に頬を打たれて中耳炎になり、熱を出した。これが訴訟問題にまで発展したので、暴力行為はやや抑制された。

呉濁流は歪んだ教育を正そうと、密かに台湾人教員を集めて対策を練り、何回か討論を重ねて教育の理念に基づく闘争を進めた。校長や日本人教員から不当な要求があれば、台湾人教員は団結して拒否した。そのため、毎日舌戦が繰り広げられた。

対立は当然呉濁流に不利な結果を招き、一九三九年に馬武督分教場へ左遷された。ここは、環境衛生の悪いマラリアの多発地帯で、日本人はみな敬遠していた。子供が下腿を蚊に刺されて化膿することが多かったので、呉濁流は下の三人の女児と妻を実家へ帰した。

秋に郡部の運動会が新埔で開かれた。各学校から教師と児童が集まり、呉濁流も児童を引率して加わった。当日は好天に恵まれ、競技は順調に進行して女子教員の百メートル競走の順番となった。郡の視学が不謹慎な笑いを浮かべながら、出場者を募って回った。どの女子教員もためらって出ようとしない。それを見て呉濁流が、「笑いながら催促しても、誰も出場しませんよ」と揶揄した。皆が、「そうだ。そうだ」と囃し立てた途端、視学は顔色を変えた。

「誰が、そんなことを言ったのだ」と怒鳴って前へ出てくると、一人ずつ、「おまえか」と詰問し、呉濁流はもとより台湾人男子教員を次々に拳で殴って歩いた。

この行為は一種の侮辱であり、殴られた痛みより数倍も衝撃が大きかった。呉濁流のせいで巻き添えになったにもかかわらず、誰も責める者はいなかった。しかし、呉濁流は自責の念に苛まれて、責任を取ろうと考えていた。それにしても、自分はなぜ毅然とした態度を取れなかったのか。このままでは済まされないと、呉濁流は心の中で叫んだ。

馬武督へ帰った夜は眠れず、口惜し涙が溢れ、自尊心を著しく傷つけられた。考え抜いた末、他人に迷惑をかけず、単独で視学と対決するのが良策だと思った。そこで、州知事に経緯を報告して、視学に詫びさせようとしたが、目的を達せなかった。同僚たちは慰留したが、呉濁流は辞表を出して二十年の教員生活を終えた。

記者時代　戦時下の教員生活は制約が多かったので、呉濁流は自由な生活を求めて大陸へ渡ることにした。一九四一年一月十二日に基隆を発ち、上海を経て十八日に南京へ着いた。広大で自由な大地に憧れて来たものの、既に日本軍の支配下には自由な空気は微塵もなかった。

日中戦争の開始から四年が経っており、上海や南京にはその爪跡がくっきりと残されていた。家は壊れ、街頭には浮浪者・失業者・難民・娼妓・人力車夫が溢れ、まさに生き地獄であった。至る所に爆撃の跡が見られ、上海から南京の間の駅は破壊され、形が整っているものはなかった。

この廃墟の中を日本人や西洋人が闊歩していたが、日本軍の眼中には中国人の存在などなく、侵略者としての傲慢な優越感に満ち溢れていた。日本人の中にも品格のある人物はいたが、それは一握りの知識人にすぎなかった。大陸に憧れて来た島民は失望し、自由を求めて徘徊した。呉濁流もその一人だったが、大陸でも相変わらず日本の官憲に監視されていた。

中国人は、台湾人を日本のスパイかもしれないと疑って信用しなかった。台湾出身者は身分をひた隠しにして、福建人あるいは広東人に成り済ましていたが、台湾人同士では互いに「芋」という隠語で通じ合っていた。呉濁流は、汪兆銘《おうちょうめい》政府の宣伝部に勤めている旧友の章《しょう》の家に身を寄せた。章は顔を見るなり、「台湾人であることは、絶対に言ってはならない」と、厳しく言い含めた。

呉濁流は荷物を下ろすと、直ぐに財政部の彭盛木《ほうせいぼく》参議を訪ねた。彭盛木は苗栗の出身で、以前は東亜同文書院の教授を勤めていたが、汪政権の成立後財政部に入り、周仏海《しゅうふっかい》の秘書となっていた。彭盛木の妻は台湾で教員をしていたので、呉濁流と面識があった。だが、彭盛木は呉濁流の来意を知ると、はっきりと断わった。

「きみのような北京語を話せない人を雇うより、日本人のほうがましだ」

辛くとも、大陸へ来たからには、このまま台湾へ引き返すことはできない。そこで、午前中は電報局に勤める南京の若い女性に北京語を習い、午後からは余《よ》大佐の家へ通うことにした。

余大佐は呉濁流の五湖公学校の教え子で、師範学校を卒業後満州へ渡り、現地の女性を娶った。汪政権成立とともに軍職に就き、大佐にまで昇進していた。呉濁流にとっては、北京語の学習に最も適した人物であった。

南京の日本商工会議所では『南京』という本を刊行するため、翻訳のできる人材を募集していた。呉濁流が応募したところ、その場で採用された。南京の風俗や習慣を紹介した文章を日本語に翻訳するのが仕事であった。翻訳部の牧主任は東亜同文書院の出身で、北京語を流暢に話したが、翻訳には呉濁流の三倍の時間を要した。

就職して七日目に、軍服を着た余大佐が訪ねてきた。呉濁流は賓客を会頭室へ案内した。暫くすると、女子職員が入ってきて、「会頭室を使ったらいけないそうです」と告げた。呉濁流が大声で、「失礼じゃないか」と一喝すると、女子職員は、「市来書記長がそうおっしゃっています」と言って部屋を出ていった。呉濁流は、余大佐に詫びを言って帰らせた。そして、市来の顔を見るなり、洪水のような勢いで、「なぜ、あんな失礼なことをさせたのだ。会頭室を使ってはいけないなら、わたしを採用したときに言うべきだ。客の前で言わせなくても、わたしを部屋から呼び出すなり、メモを渡すなりすればよいではないか。おまえみたいな人間が大陸に来て、何が大東亜建設か」と怒った。市来は一時言葉に窮し、ただ、「会頭室を使ってはいけないことになっています」と言った。そして、「済みませんでした」と付け加えた。牧主任が来て、「市来さんが謝ったのだから、もういいでしょう」と宥《なだ》めた。呉濁流は歩き回りながら、「あんな人間の屑と一緒に仕事をしたくない。もう辞める」と言った。憤懣は収まらなかったが、牧主任がしきりに引き止めるので、翻訳が一段落するまで協力することに決めた。

結局、十日間勤めて百円の報酬をもらい、三カ月分の生活費を稼いだ。商工会議所を辞めて、呉濁流は少なからず後悔した。些細な事で辞めたものの職捜しは容易ではなく、このような就職難の時にどうすればよいか途方に暮れた。

失業して五日目、思いがけなく南京の日本語新聞『大陸新報』の上野編集部長から、記者にならないかと声がかかった。ちょうど、台湾出身の孫《そん》記者が辞め、その後任者を物色しているとのことであった。

市来との一件は、既に大陸新報社に知れ渡っていた。商工会議所の大野部長も市来も、もとは同じ記者であった。二人は仲が悪かったので、大野部長がこの一件を漏らし、呉濁流を英雄のように吹聴したため、上野編集部長は快く起用したのである。

採用されたが、呉濁流は記者の経験がないため、初歩から仕事を覚えなければならなかった。折よく、汪兆銘（一八八三―一九四四）の日本訪問に随行する章からいろいろな情報を得た。呉濁流が同僚と料亭へ飲みに行ったとき、若い日本人従軍記者が「章さんはいい人だが、あのような台湾人が中国側についていると、日本軍部は情報を得るのに、都合がいいだろう」と囁いた。忠実に職務を果たしている章が、陰で中傷されているのは意外であった。

ある日突然、彭盛木の妻が呉濁流を訪ねてきた。彭盛木が重慶国民政府と通じていると疑われて捕まったという。南京では、敵とわかれば即座に処刑される情勢であったので、呉濁流は鳥肌が立つほど恐ろしかった。

「どこで捕まったのか」と尋ねると、汪兆銘国民政府の特務工作員に、上海で逮捕されたと言う。特務の頭目は李士群《りしぐん》で、周仏海の部下であった。周仏海の妻と彭盛木の妻は、かつて一緒に日本へ観光旅行をしたことがあり、親しかった。そこで、呉濁流は周仏海の妻に助けを求めるのがよいと勧めた。一カ月後、周仏海の働きかけで彭盛木は密かに釈放された。

後日、竹林寺で呉濁流と再会したとき、彭盛木は次のように言った。

「わたしには、何事にも脅かされることのない三つの条件が揃っている」

つまり、重慶国民政府の少将であり、汪政権の参議であり、日本国籍を有しているという三つの条件で身を護れると過信していたのである。ところが、一九四二年十一月三日明治節の祝賀会で、彭盛木は日本軍部に毒殺された。

一九四一年八月、呉濁流は一時帰台したが、特高がつきまとうので恐ろしくなり、家族を連れて大陸へ渡った。しかし、南京は台湾より戦雲が濃く漂っており、一九四二年三月二十一日に一家を挙げて台湾へ引き返した。

基隆の税関で四冊の本を没収されたが、一家は無事に台湾の土を踏むことができた。汽車に乗ると、特高らしい人物が監視しているのに気づき愕然とした。台北で下車しても旅館に泊まる勇気がなかったので、呉濁流は弟の家で旅装を解いた。

台北で二日間過ごした後、一家は汽車で竹北へ向かった。駅で荷物を受け取ろうとすると、駅長が派出所へ行くように指示した。派出所では警官に二、三質問されただけで、何事もなかったが、故郷の新埔駅に着くと、既に鐘《しょう》という特高が待ち構えていた。

家へ帰った最初の一カ月は、毎日のように友人や親戚が訪れ、目まぐるしく過ぎた。それに、特高が一日置きに来て、呉濁流が外出するときはついて歩いた。いつまでもぶらぶらしていると、南方へ徴用される恐れがあったので、呉濁流は職捜しを始めた。

幸い友人の紹介で、米穀納入協会苗栗出張所に就職できた。仕事の合い間に書き上げた「南京雑感」が、『台湾芸術』に連載された。これが好評を得て、編集部の江肖梅《こうしょうばい》と知り合うきっかけとなり、台湾日日新聞社に就職を斡旋してもらった。それで、一年余り勤めた米穀納入協会を辞めた。年が明けた一九四四年、呉濁流は台湾日日新聞社の記者として採用された。

敗戦の兆し　日本の敗色が濃くなると、人手不足という理由で全島にある六つの新聞社は一つに統合され、台湾新報社となった。

既に一九四一年二月、台湾人の経営する『台湾新民報』は、当局の圧力で『興南新聞』と改称されていたが、この興南新聞社も台湾新報社に吸収された。日本から来た大阪毎日新聞社の七、八人の職員が要職に納まり、『台湾新報』の経営を牛耳った。

呉濁流は文化部に配属されたが、ほかには部長が一人いるだけであった。第一回の部長会議に、呉濁流は林雲竜《りんうんりゅう》部長とともに出席した。会議の主催者である瀬口総編集は、各部の仕事の配分を決め、新設の文化部は文化欄を割り当てられた。文化欄の大まかな内容の説明を受けた後、林雲竜の代わりに呉濁流が意見を述べた。

「戦時下における報道は、戦争の記事ばかりが目立って、読者の興味を惹きません。せめて文化欄だけでも、戦争に関係のない記事を載せたいと思います」

瀬口はその場で賛同し、文化部に一任すると答えた。呉濁流は、毎日進歩的な反戦派の知識人や台北帝国大学の教授を訪れて、原稿執筆の依頼に奔走した。

当時、紙上でしきりに取り上げられていた物資は不足していないという対米宣伝について、人類学の金関丈夫教授が寄せた一文には、「米国の大学教授の俸給は、日本の大学教授の約七倍だそうだから、物資も七倍あると考えてよいだろう」と記されていた。

農学部の中村三八夫教授は、「茹で卵」という文の中で次のように叙述した。

「統制経済の実施で、卵はほとんど軍部へ供出している。国民への卵の配給があまりにも少ないため、卵を見たことのない子供が増えているそうだ。ある日、雌鶏が鳴きながら、卵を産み落とす場所を捜していた。母親が子供に、『もうじき鶏が卵を産むから、茹で卵を作ってあげようか』と言った。ところが子供は茹で卵がどんなものか知らないので、母親が身振り手振りで説明したということだ」

これらの記事が掲載されると、直ぐに皇民奉公会や未婚女性の団体である桔梗倶楽部の代表が新聞社へ抗議に押し掛けてきたが、記者が執筆したのではないとわかると、早々に引き揚げた。これらは統制経済を諷刺する優れた内容であったが、特に金関教授の文章の真意は理解されずに終わった。

呉濁流は台湾新報社に一年間勤めたが、紙不足の煽りで新聞の頁数が減り、文化欄の枠も半分に縮小された。そのうち、発行も隔日となり、紙面は戦況の報道一色で、文化欄は自然に消滅してしまった。呉濁流は仕事がなくなって暇になったので、「南京雑感」を整理して一冊の本にしようと、報道部へ願い出た。しかし、内容が戦争と関連性がないという理由で許可されなかった。

そこで、呉濁流は将来の出版に備えて、『アジアの孤児』の続きを書いた。政治的な色彩が濃い内容なので、二、三枚書くごとに原稿を厨房の炭籠に隠し、ある程度まとまると、密かに実家の人目につかない場所へ保管しておいた。というのは、呉濁流の住まいの向かいには特高の宿舎があり、用心しなければならなかったからである。

文化部の仕事はなかったが、呉濁流は毎日出社し、後は空襲を退避するつもりで大学を回った。大学ではほとんどの学生が召集されて、教授たちは暇になり、性能のよいラジオで外国のニュースに耳を傾けていた。呉濁流は教授たちから情報を得て、戦局を見守った。また、文学座談会や講演会に加わった。

この時期になるとマニラも米国に奪還されたので、軍部は台湾の要塞化を強め、遊撃に備えて山に立て籠った。十八万三千の満州軍は、元来南方へ派遣される予定であったが、米軍のマニラ奪還が早すぎたため、台湾に止まった。軍部は、全力を挙げて米軍の上陸を迎撃する準備をしていた。

呉濁流が、『無花果』の中で、この逼迫した情勢を描いた一節を挙げよう。

「日本軍は最後の悪足掻きを試み、満州から十八万三千の軍隊を台湾軍に編入して、台湾を要塞化した。各地に掩蓋を巡らし、海岸にも柵を作った。女性は採石に駆り出されたり、看護婦に徴用されたりした。公学校の児童まで動員し、勤労奉仕に当たらせた」

台湾の要塞化に伴って、日本人記者のほとんどが応召したので、新聞社は新たに十四人の台湾人記者を募った。同僚が増えても台湾人の立場で報道する訳にはいかず、大阪毎日新聞社の出向記者の指示に従っていた。当然、日本人記者は優越感を抱き、官僚意識が強かったので、新聞社本来の自由な空気は全くなかった。戦争一色に塗り籠められ、日本人記者の高圧的な態度への不満が鬱積していった。

ある日、米軍爆撃機の落とした一発の爆弾が、マッケイ病院に命中した。直撃を受けた八人と、防空壕へ避難していた二人が死んだ。呉濁流の宿舎はマッケイ病院の側で空港から遠く、標的にはなるまいと考えていたが、もはや安全ではなくなった。

しかし、たとえ新聞社を辞めて帰郷しても、高雄地区へ徴用されたらなお危険だと考え、呉濁流は台北に踏み止まった。

サイパン島・硫黄島の玉砕に続き、沖縄も激戦に突入した。本土では、銃後も竹槍戦術や日本刀で最後の決戦に挑む覚悟をしていた。八月六日、突然広島に原爆が投下され、三日後長崎にも投下された。

新台湾の支配者　八月十五日の夕方、実家へ帰っていた呉濁流の所へ、役所に勤める友人が訪ねてきた。正午に天皇の玉音放送があったが、内容がよく聞き取れなかったと友人が告げた。呉濁流は、『アジアの孤児』と『陳大人』の原稿を携えて、台北へ向かった。竹北駅まで来ると、号外が日本の無条件降伏を伝えていた。依然として特高が目を光らせていたが、人々は抑えきれない喜びに浸っていた。

台北に着くと、呉濁流は弟の無事を確認して新聞社へ向かった。さすがに新聞社は情勢を迅速に捉えており、大阪毎日新聞社の出向社員は、既に興南新聞社へ職権を渡していた。社長の羅万俥は、中国語版を発行するため、呉濁流を編訳部に復職させた。

日本の敗戦により、日本人と台湾人の立場が入れ替わった。日本人の官吏が失業し、路上で物を売っている姿が至る所で見られた。台北の栄町や西門町の街角では日本人の小学生が、「タバコ買って」と声を張り上げていた。このような声を聞くと、呉濁流の脳裏にはかつて上海や南京で見た光景が蘇り、惻隠の情が湧いてくるのだった。旧怨に比して島民の日本人に対する態度は寛大であった。報復を受けたのは一部の警官だけで、援助を受けた日本人のほうが多かった。

ある日、呉濁流は台湾新報社の元副社長兼主筆の伊藤金次郎を訪れた。かつての上司で個人的な交際はなかったが、呉濁流は何か力になりたいと考えて打診してみた。これまでの日本当局の仕打ちなどを考え、台湾人に対する蟠《わだかま》りがあったのか、伊藤は容易に心を開かず、終始寡黙であったが、「一人息子を戦場で失い、内地では老妻が待っているので、船便があれば帰りたい」と、力なく答えた。呉濁流はそれ以上訊くこともできず、伊藤の息災を祈って別れを告げた。十数年後、呉濁流はある雑誌で伊藤が喉を切って自殺したことを知った。

やがて、大陸から国民党軍が台湾に進駐してきた。長い間圧政に喘いできた島民には、よき時代の到来を望まない者はなかった。

『台湾新報』は『台湾新生報』と改称され、重慶から帰ってきた台湾籍の李万居が社長に納まった。台湾新報社の台湾人記者は全員留用され、日本語版を担当した。呉濁流は、中国語から日本語に翻訳する編訳部に所属した。

紙面に中国語と日本語が併存していたため、編集室は二つの陣営に分かれた。日本語版は旧台湾新報社の記者、中国語版は大陸出身の記者が主で、さまざまな人物で構成されたが、言語や習慣上の違いから、互いに親しくなれなかった。そのうえ、大陸出身者は本島人の倍の給料をもらっていた。この矛盾した現象は公務員にも見られ、本島人は不満を抱いていた。しかし、祖国を慕うあまり、胸のうちに収めて表面には出さなかった。

新聞は三民主義模範省の建設を鼓吹し、島民は一致団結して目標に向かった。記者たちは、軽率な振る舞いを慎んだ。

国民政府は、島民を信頼しなかった。政府の要職は、すべて大陸出身者で固められ、日本領有時代と同じように、台湾の実情に詳しい者が下で働き、何も知らない大陸出身者が実権を握っていた。これで政治が行なえるのかと、呉濁流は疑った。

汚職が横行し、多くの大陸出身者は私服を肥やして国益を顧みなかった。紙幣が乱発されて、インフレが進み、物価が跳ね上がった。

一九四六年一月十一日、当局が糧食の配給制度を廃止したため、翌月から食糧危機に陥った。台北市政府のある下級職員は貧困のあまり、鉄道自殺を図った。呉濁流はその人を哀れんで次のような詩を詠じた。

鐵路腥腥血尚存　　鉄路《てつろ》に腥腥《せいせい》の血《けつ》尚《な》お存《そん》ず
幽花細草伴黄昏　　幽花《ゆうか》　細草《さいそう》　黄昏《こうこん》に伴《ともな》う
有情最是屯山月　　有情《ゆうじょう》の最《もっと》もなるは是《こ》れ屯山《とんざん》の月《つき》
偏照不帰軌上魂　　偏《ひと》えに照《しょう》す　不帰《ふき》の軌上《きじょう》の魂《こん》を

九月から十二月にかけて、呉濁流は『アジアの孤児』の第一巻から四巻までを出版した。『台湾新生報』の日本語版は、ときとして政府批判に傾いたので、一九四六年廃刊に追い込まれた。呉濁流は仕事がなくなり、李万居社長に専売局へ転職するように勧められた。中国語版の記者に留用されなかったのは、かつて給料の是正について社長に談判したのが原因であった。

翌日、友人の王白淵《おうはくえん》が訪ねてきて、民報社が呉濁流を求めていると告げた。呉濁流は、暫く仕事を離れて政局を静観しようと考えていたが、熱心に勧められ、半月休んだ後民報社に入った。『民報』は、中正な立場を保持する発行部数四、五千の民間紙である。社長の林茂生は、滅多に顔を見せなかったが、主筆の陳旺成《ちんおうせい》が鋭い筆勢を振るい、読者に歓迎されていた。

二・二八事件の煽り

一九四七年一月二十九日、米価が一日で急騰した。二月中旬に、底値で砂糖五十万トン、石炭数十万トンが上海へ運ばれたという噂が流れた。そのため、米価が更に暴騰して米が市中に出回らなくなった。これは、浙江財閥の買い占めが原因であった。

民衆が騒ぎ出して市民大会を開き、民報社の若い記者を代表に選んで、当局へ陳情に走らせた。このような情勢と悪条件が重なる中、ついに二・二八事件が起きた。

事件後、国民党軍は民衆に残虐な報復措置を取った。反乱に加わった人々はもとより、事件を公正な立場で報道した記者までが犠牲になった。『民報』の社長林茂生（一五〇頁参照）、『台湾新生報』の編集長呉金練《ごきんれん》、専務顔朝日《がんちょうじつ》が相次いで殺害された。

『民報』が封鎖に追い込まれ、復刊の目処が立たないので、陳旺成主筆は全社員を集めて廃刊を告げた。『アジアの孤児』の第五巻は既に印刷も終わり、民報社の倉庫で出荷を待っていた。ところが民報社が封鎖されてしまったので、第五巻は一九四八年一月になって漸く日の目を見ることになった。呉濁流は働く場を失って、『夜明け前の台湾』を出版した。本はよく売れたが、インフレのために重版は諦めざるをえなかった。

浪々の日々を過ごしていると、友人から台湾省社会処への勤務を勧められた。社会処処長の李《り》翼中《よくちゅう》は呉濁流と同じ客家人（華北から華南奥地に移住した人々）で、記者時代から面識があった。会ってみると、その場で職が決まり、第四課の秘書に採用された。

しかし、大した仕事もなかったので、暇を利用してさまざまな原稿を書き、新聞や雑誌に投稿した。

新任の台湾省主席魏道明《ぎどうめい》は民主主義を唱えていたが、相変わらず汚職が横行し、官吏が私利私欲を貪っていた。民間紙の発行が停止されたので、口々に批判はしても公にはならず、隔靴掻痒の感があった。しかし、もしこれを指摘したならば、共産思想の烙印を押されて、災いが降りかかるのは必至である。そのうえ、二・二八事件後の虐殺の余波で、民衆は恐怖に戦き、事態は深刻であった。

人々は用心深くなり、政府に対する批判は一切せず、ひたすら暮らしがよくなることを願った。このような人々の願いを代弁するように、呉濁流は『ポツダム課長』という小説を書いた。その大意は次のようなものである。

台湾はポツダム宣言によって、中国に復帰できた。政権交替の混乱に紛れて、教授・博士・将軍・社長に出世した者は、ポツダム教授などと揶揄されていた。

主人公の范漢智《はんかんち》も、時流に乗って、平の職員から課長に伸し上がった一人である。職権を乱用して、公金の横領や数々の悪事を働くが、最後は検挙される。呉濁流は主人公に託して、その行状に痛烈な批判を加え、世論に訴えている。

小説の中で、遊びに耽る范漢智が日月潭の湖畔で詠じた詩がある。

山外青山湖外湖
白雲深處鏡輪孤
悠悠日月潭中水
獨木舟浮縱釣徒
蠻歌杵曲玉玲瓏
秋水潭天一色融
涵碧樓頭觀日月
群山倒影入湖中

山外《さんがい》の青山《せいざん》　湖外《こがい》の湖《こ》
白雲深《はくうんふか》き処《ところ》　鏡輪《きょうりん》　孤《こ》なり
悠悠《ゆうゆう》たる日月潭中《にちげつたんちゅう》の水《みず》
独木舟《どくぼくしゅう》に浮《う》かぶ　縦釣《じゅうちょう》の徒《と》
蛮歌《ばんか》　杵曲《しょきょく》　玉玲瓏《ぎょくれいろう》
秋水《しゅうすい》　潭天《たんてん》　一色《いっしょく》に融《ゆう》す
涵碧楼頭《かんぺきろうとう》　日月《にちげつ》を観《み》る
群山《ぐんざん》の倒影《とうえい》　湖中《こちゅう》に入《い》る

この小説で呉濁流自身は鬱憤を晴らすことができたが、インフレの煽りで出版は一九四八年五月に延びた。

大同工業学校　一九四八年二月、友人の章が大同公司の社長林挺生《りんていせい》を伴って訪ねてきた。呉濁流は雑談をしに来たくらいに思っていたが、翌日また章が来て、大同公司付属大同工業学校の教師にならないかと勧めた。訳を訊いてみると、林挺生が『夜明け前の台湾』を読んで感動し、呉濁流を訓導主任に迎えたいというのであった。呉濁流は二、三日熟慮した末、社会処を辞めて翌月から教壇に立つことに決めた。

大同工業学校の教員は、ほとんど大同公司の職員が兼任していた。校長のほかに、教務主任・訓導主任・教務・訓育・実習の五人の専任教師がいた。校長は東京帝国大学機械科の出身で、教務主任は羅《ら》医師、訓育は呉《ご》という元日本軍少尉であった。

兼任教師は多彩な顔ぶれで、外交官や日本の大学を出た三十数人のうち、帝国大学卒業の俊才が十四人もいた。教員たちは、新台湾を建設して三民主義模範省を目指す熱意に燃えていた。

これらの知識人は決して大陸出身者に劣らない信念を持ち、工業建国の目標の下に優秀な技術者を培うために、全員が心を一にして、教育に心血を注いだ。

月に一回、教員の懇親会が開かれた。自由に発言することが許され、歌ったり飲んだりして深夜まで続いた。呉濁流はこの雰囲気に溶け込み、余生を教育に貢献しようと決心した。

学校の要望に応え、呉濁流は半月かけて苦心した末、次のような校歌の詞を作った。

現代文明汗與鐵
大同健兒有氣節
滿腔熱血氣豪雄
開發資源樹大功
四百餘州秀山河
天然寶藏蓋世多

現代文明《げんだいぶんめい》　汗《かん》と鉄《てつ》と
大同健児《だいどうけんじ》　気節《きせつ》有《あ》り
満腔《まんこう》の熱血《ねつけつ》　気豪雄《きごうゆう》
資源《しげん》を開発《かいはつ》し　大功《たいこう》を樹《た》つ
四百余州《しひやくよしゆう》の秀山河《しゆうさんが》
天然《てんねん》の宝蔵《ほうぞう》　蓋世多《がいせいおお》し

工業至上
集中力量
志已決
心如鐵
青年志氣不可缺
爲民建設
爲國建設

現代文明汗與鐵
大同健兒有氣節
黃帝子孫智謀多
追究眞理共切磋
二千年前築長城
隋造運河令人驚
技術至上
發揮力量
志已決.

工業至上《こうぎょうしじょう》
力量《りきりょう》を集中《しゅうちゅう》せよ
志《こころざし》　已《すで》に決《けっ》し
心《こころ》　鉄《てつ》の如《ごと》し
青年《せいねん》　志気《しき》を欠《か》く可《べ》からず
民《たみ》の為《ため》に建設《けんせつ》せよ
国《くに》の為《ため》に建設《けんせつ》せよ

現代文明《げんだいぶんめい》　汗《かん》と鉄《てつ》と
大同健児《だいどうけんじ》　気節《きせつ》有《あ》り
黄帝《こうてい》の子孫《しそん》　智謀《ちぼう》多《おお》し
真理《しんり》を追究《ついきゅう》し　共《とも》に切磋《せっさ》す
二千年前《にせんねんぜん》に長城《ちょうじょう》を築《きず》き
隋《ずい》　運河《うんが》を造《つく》り　人《ひと》を驚《おどろ》かしむ
技術至上《ぎじゅつしじょう》
力量《りきりょう》を発揮《はっき》せよ
志《こころざし》　已《すで》に決《けっ》し

心如鐵　　　　　心《こころ》　鉄《てつ》の如《ごと》し
青年志氣不可缺　青年《せいねん》　志気《しき》を欠《か》く可《べ》からず
盡心建設　　　　心《こころ》を尽《つ》くして建設《けんせつ》せよ
盡力建設　　　　力《ちから》を尽《つ》くして建設《けんせつ》せよ

曲は、元師範学校の音楽教授であった張福興《ちようふくこう》が作った。ある時期まで生徒に歌わせていたが、専門学校、大学へと昇格していくうちに校歌も変わっていった。

生徒は全島から優秀な者が四十人集まり、食住、学費はすべて大同公司から提供された。呉濁流は訓導主任であったが、公民と歴史を教え、生徒と寝食を共にし、教育に専念した。

夏休みになり、全校の教員が海水浴を楽しむことになった。男性ばかりではつまらないので、女性の参加者を誘ってほしいと頼まれた呉濁流は、早速、大同公司事業部の盧《ろ》課長に相談した。盧課長は早稲田大学の出身で、酒を飲むと大声で母校の校歌を歌い出す陽気な人物であった。宴会などでは歓迎され、皆から呑兵衛課長と親しまれた。後に、酒に酔って単車に乗り、電柱に激突して天国へ行ってしまった。

海水浴の当日、盧課長は大稲埕の裏町の女給二人を連れて意気揚揚と現れた。一挙に雰囲気が盛り上がり、皆は歌って騒いだ。女給は愛嬌を振り撒きながら、酒を注いで回る。楽しく過ごしている最中、突然電話がかかってきた。校長夫人と校医夫人がこちらに向かっているという。これは、まさしく天から降ってきた災いであった。皆は、場を取り繕うのに狼狽した。

女たちを帰そうという慌て者もいたが、とっさに妙案が浮かんだ呉濁流は、女たちに耳打ちすると両脇に座らせた。

暫くすると、二人の夫人が現れた。呉濁流は真面目な顔で、「わたしの妹とその友人です」と偽った。二人の女給は決まり悪そうに挨拶した。それで、緊迫した空気が和らいだが、呉濁流の酔いは醒めてしまった。

呉濁流は、暇のある限り原稿を書きまくった。そのうちの一篇の随筆「台湾文学の現況」を、日本の『雄鶏通信』に発表した。

一九四九年三月、呉濁流は校長から台湾区機器工業同業組合への転任を命じられた。呉濁流は、就任するとき社長に言われた言葉を校長に返した。

「教育者は金に淡白でなければなりません。教育事業には莫大な金がいります。しかも、一、二年では教育の効果は見られず、十年、二十年後でなければ、結果が表れないのです」

校長は、これに対して答えた。

「社会教育を実践してもらうことも意義があり、待遇もここよりよい」

呉濁流はそれを聞いて、「わたしは金が欲しいのではない」と告げて立ち去った。その夜、章が来て、「既に辞令が出た以上、どうしようもない」と宥めた。呉濁流は仕方なく教職を離れて同業組合へ行ったが、このときの心情を次のような詩に表わした。

志在十年後
而今便且休
浮萍非有意
漂泊向東流

志《こころざし》　十年《じゅうねん》の後《のち》に在《あ》り
而今《じこん》　便《すなわ》ち且《しばら》く休《きゅう》す
浮萍《ふへい》　意《い》有《あ》るに非《あら》ず
漂泊《ひょうはく》して東《ひがし》に向《む》かって流《なが》る

同業組合ではあまり仕事がなく、呉濁流は新聞を読んだり、原稿を書いたりして暇を潰した。宿舎がなかったので、事務所で起居していた。

二年目で財務組長となり、五年目には専門委員に昇進し、定年まで十七年間勤めた。

一九五六年、小説『アジアの孤児』が日本の一二三書房から出版された。この小説には、日本統治下の島民の苦痛と傷痕、逃れようのない悲惨な運命が描かれている。また、呉濁流は記者の経験を生かして、二・二八事件の背景や経験を克明に描き、歴史の研究に貴重な資料を残した。

一九五八年五月、漢詩集『風雨窗前』を出版し、自ら次のように題した。

風風雨雨雨風風
憂患生涯荊棘中
歴盡辛酸餘恨在

風風《ふうふう》　雨雨《うう》　雨風風《うふうふう》
憂患《ゆうかん》の生涯《しょうがい》　荊棘《けいきょく》の中《うち》
辛酸《しんさん》を歴尽《れきじん》して余恨《よこん》在《あ》り

飄零情感入詩筒　飄零《ひょうれい》する情感《じょうかん》　詩筒《しとう》に入《い》る

袖川との再会

戦後二十年、漸く世の中が落ち着いたころ、かつての教え子が日本にいる袖川を台湾観光に招いた。連絡を受けた呉濁流は、思い出深い土地を案内した。懐かしさのあまり、袖川は五湖を離れてからの苦労を話した。

袖川は二十歳で日本人の憲兵と結婚したが、夫は何度も戦地へ駆り出され、結婚生活六年の間、一緒に暮らしたのは二年三カ月にすぎなかった。その間、四人の子供を儲けたが、夫は戦死した。途方に暮れて、鹿児島にある夫の実家を頼った。ところが、夫の両親は台湾生まれの嫁や孫を認めず、経済的な援助もしなかった。

親子五人が生きるために袖川は代用教員となったが、生活は苦しく、絶望のあまり自殺しようと思い詰めた。夜、子供が寝静まってから、庭の木に紐を括って首をかけようとした。そのとき、目の前に人魂が飛んで行くのが見え、袖川は思わず声を上げ、目を覚ました子らを抱き締めて泣き崩れた。

あの人魂は、しっかり生きよと死んだ夫が励ましに来たのかもしれない。そう考えて袖川は勇気を奮い起こし、子供たちを立派に育て上げようと決心した。学校のミシンを借りて内職を始め、二、三の家庭教師も引き受けた。子供たちは、放課後や休日には山へ柴を取りに行った。

こうした二十数年の苦労は、無駄ではなかった。長男、三男、長女は大学を卒業して社会人となった。二男は醤油工場で働いていたが、若くして死んだ。話しているうちに昔の事が思い出されて、袖川は涙に暮れた。呉濁流は、袖川の苦労を本当に理解できるのは自分しかいないと思った。

「悲しい思い出は、もう過ぎたことです。いつまでも過去を引き摺っているより、将来に向かって進みましょう」

呉濁流は、そう言って袖川を慰めた。更に、「はるばる日本から台湾へ来られて、三十年ぶりに再会できたのですから、楽しく過ごそうではありませんか」と励ますと、袖川は笑顔を見せて頷いた。二人は獅頭山の寺院を楽しく見て回り、呉濁流は再会の感激を次のような詩に賦して、旧交を温めた。

卅載重逢共此遊
靈山山上意悠悠
何當長抱青春夢
夢到於今白了頭
半壁霜楓紅似花
靈峰依舊着煙霞

卅載重逢《そうさいちょうほう》し　共《とも》に此《ここ》に遊《あそ》ぶ
霊山《れいざん》の山上《さんじょう》　意《い》　悠悠《ゆうゆう》たり
何《なん》ぞ当《まさ》に長《なが》く抱《いだ》かんや　青春《せいしゅん》の夢《む》
夢《む》　今《いま》に到《いた》りて頭白《こうべしら》む
半壁《はんぺき》の霜楓《そうふう》　紅《くれない》　花《はな》に似《に》たり
霊峰《れいほう》　依旧《いきゅう》として煙霞《えんか》を着《つ》く

遙遙一別三千里
今日重逢一嘆嗟

回憶五湖共事時
鄰居日久喜相知
毎逢月白風清夜
花際徘徊興論詩

又在竹城遇故知
同遊聖地話當時
人生聚散如萍水
今後相逢不可期

遙遙《ようよう》と一別《いちべつ》して三千里《さんぜんり》
今日《こんにち》重逢《ちょうほう》　一《ひと》たび嘆嗟《たんさ》す

回憶《かいおく》すれば五湖《ごこ》　共事《きょうじ》の時《とき》
隣居《りんきょ》する日《ひ》久《ひさ》しく　相知《あいし》るを喜《よろこ》ぶ
月白《つきしろ》　風清《ふうせい》の夜《よ》　逢《あ》う毎《ごと》に
花際《かさい》に徘徊《はいかい》して詩《し》を論《ろん》ずることに興《きょう》ず

又《ま》た竹城《ちくじょう》に在《あ》りて故知《こち》に遇《あ》う
聖地《せいち》に同遊《どうゆう》して当時《とうじ》を話《かた》る
人生《じんせい》の聚散《しゅうさん》　萍水《へいすい》の如《ごと》し
今後《こんご》　相逢《あいあ》う　期《き》す可《べ》からず

帰る道すがら、呉濁流は袖川の往時を偲んだ。視学の妨害さえなければ、台湾人と結婚して幸せであったかもしれない。これは、袖川の宿命といわざるをえないだろう。しかし、袖川は教え子に愛を残したのである。

旅費や滞在費一切を教え子が負担して、二回も袖川を台湾旅行に招いた。しかも帰りには、貴金属の装飾品を含め、持ちきれないほどの土産を持たせた。これほどまでに慕われた日本人女教師は、例を見ない。袖川の愛情のある教育は、国境や民族を越えたものであったといえる。日本人の前では見せたことのない涙を流した心情が、呉濁流にはよく理解できた。

台湾文学賞の創設

そのころから呉濁流は若いころに患った肺結核のために、体の不調を覚えるようになった。特に還暦を迎えてからは断続的に喀血するようになり、直ぐに止まるものの、不安でならなかった。

一九六四年四月、呉濁流は月刊雑誌『台湾文芸』を創刊し、台湾の文学を愛する青年たちに発表の場を与えた。多少なりとも、文芸の新しい苗を培い開花させ、実を結ぶことを願ったのである。

翌年には台湾文学賞を創設し、毎年一回賞を贈って、文学を志す後進の励みにした。退職金の十万元と各方面から寄付を募って、呉濁流文学賞基金会を設けた。この基金を作るため、方々へ奔走したので、呉濁流は托鉢文化人と称された。こうして、長く賞を維持することが可能となり、文芸闘士と尊敬されるようになった。

『台湾文芸』を刊行した当初は並々ならぬ苦労があり、呉濁流は自ら原稿を書く一方、原稿の依頼から編集・印刷・発刊まで一人で行なった。後に、『台湾文芸』は台湾文壇の重要な刊行物の一つになり、多くの若い作家を育てた。

一九七一年九月から三年三カ月を費やして書き上げた『台湾連翹』は、呉濁流の最後の作品で、自分の死後十年経ってから上梓するように言い遺した。この労作には二・二八事件について、当局に不都合な内容があるので、直ぐには発表できなかった。それは、大陸帰りの台湾出身者が本島人を裏切り、事件加担者の名簿を当局に売ったことや、国民党の特務工作員が名簿に基づいて逮捕、虐殺を行なったことなど、事件の真相を暴くだけに止まらず、その背景や島民の悲惨さが詳細に描かれている、呉濁流の思想の総括とも言える作品であった。原稿は日本語で書かれ、作家の鍾肇政に託された。呉濁流は一九七六年に没したが、その後、鍾肇政が中国語に翻訳し、『台湾文芸』と『台湾新文化』に分けて発表した。

　ちなみに連翹はモクセイ科の落葉低木で、イタチ草ともいう。枝は蔓をなし、早春に黄色の四弁の花をつけ、薬用となる。台湾人の命運を連翹に譬え、生への執着と不屈の精神を称えているのである。

　碧湖山金竜寺には、呉濁流の題した詩碑が残されている。

潜伏湖中幾萬年　　湖中《こちゅう》に潜伏《せんぷく》して幾万年《いくまんねん》
乗時升化享香煙　　時《とき》に乗《じょう》じて升化《しょうか》し　香煙《こうえん》を享《う》く
興雲昔日飜滄海　　興雲《こううん》の昔日《せきじつ》　滄海《そうかい》を飜《ひるがえ》し
隱介今朝締佛緣　　隠介《いんかい》の今朝《こんちょう》　仏縁《ぶつえん》を締《むす》ぶ
碧水無波空色相　　碧水《へきすい》　波無《なみな》く　色相空《しきそうくう》じ

青山明媚快神仙
應知塵世炎威甚
何不爲霖濟大千

青山《せいざん》　明媚《めいび》にして神仙《しんせん》快《こころよ》し
応《まさ》に知《し》るべし　塵世《じんせい》の炎《えん》威《い》甚《はなは》だしきを
何《なん》ぞ霖《りん》と為《な》りて　大千《たいせん》を済《すく》わざらん

四、知識人の苦悩——硬骨の社会思想家、楊逵

知識人の宿命　台湾文学の中でも、呉濁流の『アジアの孤児』と楊逵の『新聞配達夫』は、ともに深遠な作品である。呉濁流が民族の立場から島民の命運を凝視したのに対し、楊逵は階級闘争の立場から台湾農民の苦境を描いた。『アジアの孤児』は日本でも刊行されたので、日本人の読者も少なくない。『新聞配達夫』は胡風《こふう》によって翻訳され、大陸でも読者を得た。

大陸を失って以来、国民党独裁政権は戒厳令を布いて、島民に抵抗する隙を与えなかった。人々は苛政に苦しみ、知識人の憤懣はますます高まっていった。

一九七九年十二月十日の世界人権デー、高雄で美麗島事件が起こった。この日、雑誌『美麗島』の関係者がデモを行ない、警戒体制をとっていた警察と衝突し、流血の惨事となって、野党の国会議員が逮捕されたのである。

事件後、軍法会議で重罪を言い渡された者の中には、作家の王拓《おうたく》・楊青矗《ようせいちく》がいた。二人は、漁師や労働者の困窮生活を主題にして、改善と向上の必要性を訴えた小説を書き、更に国会議員に立候補し、政治活動をしようとした矢先に投獄されたのである。これを契機に、民主化への政治

運動が始まったのであった。

一九八七年、刑期を終えた弁護士の姚嘉文《ようかぶん》が出獄し、獄中で書いた三百万字に及ぶ小説『台湾七色記』を出版した。これは台湾の歴史と前途、および政治の理念や倫理を説き、小説に託して苛政を衝いた作品であった。

作家が政治運動に走り、政治運動家が創作活動をすることは、社会改革を志す知識人の宿命のようなものである。日本領有時代には、楊逵をはじめ、頼和・張深切・王詩琅らが社会改革・民族解放・文化再建などの運動に身を投じた。だが、太平洋戦争終結前から国民党支配後にかけては消極的になり、運動から手を引いて筆を折った者も多かった。

だが、日本政府に十回、国民党軍に二回逮捕され、十二年の長い獄中生活を強いられたにもかかわらず、楊逵だけは「老兵は死なず」という精神で、いかなる弾圧にも挫けず権力に立ち向かった。

楊逵は一九〇五年十月十八日、日本統治下の台湾台南州の大目降街に生まれた。本名は楊貴《ようき》であったが、物心がつくと貴という名が気に入らず、特に楊貴妃《ようきひ》の末路を知ってからは嫌悪するようになった。それで初めは文章を発表するとき、楊達《ようたつ》という筆名で原稿を執筆した。後に、『新聞配達夫』の前半が、頼和の手で添削されて『台湾新民報』に載ったとき、初めて楊逵という筆名で登場した。原稿には楊達と記して送ったものを、頼和が達に朱筆を加えて逵と改めたのである。達を逵の誤筆と思ったのか、逵のほうがよいと考えて変えたものかわからないが、このときから頼和は名づけ親になった。そして、『水滸伝』に登場する李逵《りき》の勇敢さに惹かれて、二十七歳のときからは楊逵を筆名として用いるようになったのである。

父楊鼻《ようび》は、錫器の鋳造業を営んでいた。灯油のブリキ缶を回収して加熱し、熔接部分の錫を熔かして集め、それを燭台や祭具・香炉・酒器などに加工するのである。楊逵は、公学校へ通うころから家業を手伝った。あるとき、灯油が残っているブリキ缶を栓も抜かずに加熱したので、缶が爆発した。楊逵は全治一カ月の熱傷を負い、傷痕は何年も消えなかった。

当時、最も人々を悩ませていたのは圧政と疾病であったが、楊逵も六人兄弟のうち、数年の間に姉と弟、次いで妹を病気で失った。楊逵は四、五歳のころに、小さな木箱に入った赤ん坊の遺体を見て、病気の恐ろしさを知った。成人してからも、その記憶が鮮明に残っていた。

日本領有の初期、抗日派を討伐するために日本軍が進出して来ると、島民は殺されるのを恐れて山中へ逃げた。これは俗に走蕃《そうばん》と言われたが、異民族から逃げ出すという意味であった。日本軍が引き揚げるまで、島民は家に戻れなかった。走蕃にまつわる次のような逸話がある。

台湾では娘を嫁がせるとき、嫁入り道具に三つの桶を持たせる。屎桶と尿桶は排泄用で、糞尿を桶に溜めて作物の肥料にする。腰桶は、腰湯をするときに用いる。

山へ避難するさいには家の中を掃除し、桶も綺麗に洗って行った。日本軍が進出してくると、たまたま新しい朱塗りの桶が干してあった。兵士はそれが屎桶とも知らず、飯櫃に使った。日本軍が立ち去った後、走蕃から戻った島民は、桶に飯粒が残っているのを見て大笑いし、日本軍に対する憤懣がいくらか晴れたという。

日本が台湾を統治するようになって二十年目に、最後の対日武力抗争となった西来庵事件が起こった（一二二頁参照）。日本軍は砂塵を捲き上げて逃げ惑う民衆を武力で鎮圧し、男たちは殺され、村には女ばかりが残った。人々は残虐な仕打ちに戦き、抵抗する勇気さえなくしたのである。この惨劇を戸の隙間から見ていた十歳の楊逵は、幼い心に強権と暴力に対する憤りを覚えた。

苛めや威圧は学校にも波及し、日本人と台湾人の児童が相争った。多くの台湾人児童が為政者や資本主義への反感を持つようになったが、楊逵自身は日本人に助けられた経験も多かった。例えば、新化公学校六年生の時の担任沼川定雄は、熱意のある教師であった。病弱なために十歳になってから入学した楊逵に目を掛け、楊の日本人に対する認識を改めさせた。

公学校で六年間首席を保っていた楊逵に、沼川は台北高等学校初等部を受験するように勧めた。だが、入試問題は日本人児童の通う小学校の教材を主にして出題されていたため、公学校出身の楊逵には不利であった。その結果、受験に失敗した楊逵は、新化糖業試験所の用務員になった。

翌年、楊逵は台南州立第二中学校に合格した。既に沼川教師から代数・幾何・英語などを教わっていたので、中学校に入っても課外の書籍を読む余裕があった。楊逵は夏目漱石、芥川竜之介、トルストイ、ツルゲーネフ、ゴーゴリ、ドストエフスキー、ディケンズらの作品を読んで視野を広げ、旧社会の暗部、特に下層階級の貧困な生活を描いた作品の人道主義に感動した。

あるとき、校長の修身の授業中、楊逵は居眠りをしていた。廊下を通りかかった代数の教師が、それを見つけて注意を与えた。毎晩遅くまで読書に耽っていたため、つい眠ってしまったのである。

楊逵は、書物の内容を多少は吸収できたが、思考力や判断力はまだ乏しかった。説教めいた型に嵌まった内容、例えば新渡戸稲造の『修養論』を読んだときは反発を覚え、学校の感想文に堅苦しい儒教の色彩を濃厚に帯びている著作だと書いた。すると、意外にも進歩的な教師がいて、叱るどころか楊逵を褒めて、感想文を皆に読んで聴かせ、更に思考して批判できるくらいの力を養うようにと励ました。

非共産党の共産主義者　在学中に、楊逵は日本から帰った学生の講演会をよく聴きに行った。演説の内容は民族意識の喚起や法律・経済問題といったものであったが、あまり感動するものではなかった。読書を重ねていくうちに、楊逵は知識欲が満たされなくなり、日本留学を志すようになった。

留学を志したもう一つの理由は、親が決めた婚姻から逃れることであった。楊逵には九歳の時から親の決めた許嫁《いいなずけ》がいて、家族と同居していた。公学校の級友にはからかわれ、中学校に入ってからも恥ずかしい思いをして居たたまれなかった。しかも、中学校を卒業すると、同衾させられることになっていたので、なお焦ったのである。

結局、楊逵は中学を三年で退学し、日本へ渡ることになった。長兄は結婚のさいに用意した夜具を楊逵に譲り、次兄は愛用のヴァイオリンを売って旅費を工面してくれた。

一九二四年八月、初めて日本の土を踏んだ楊逵は、検定試験に合格して、日本大学専門部文学芸能科の夜間部に入った。

十八歳のころから、仄かな異性への憧れを抱くようになっていた楊逵は、下宿先の日本人の娘たちと生活しているうちに結婚観に目覚めた。結婚は、愛情を育んで自然に結ばれるもので、たとえ親でも押しつけてよいものではないと考えた楊逵は、日本から初めて出した親への手紙に、許嫁と縁を絶ちたいと書いた。親も強く反対せず、後に許嫁を楊逵の級友に嫁がせた。

この年は日本共産党が結成されて二年目で、左翼の活躍や、プロレタリア文学の台頭が目覚ましかった。楊逵は、大杉栄の著書を読んだことがあったが、日本に来てからバクーニン、クロポトキン、プルードンらの著書や、マルクス主義の経典ともいえる『資本論』を読んだ。

授業に出席するより課外活動の時間のほうが多くなり、読書といえば共産主義の書物ばかりであった。楊逵は急激に無政府主義・マルクス主義の思想に傾倒していったが、現実は厳しく、新聞配達夫・清掃人夫をしながら糊口を凌いでいた。家賃も払えなくなり、労働農民党牛込支部に寝泊まりするようになった。朝は白湯を飲み、昼食は芋、夕食も満足に食べられなかったので、恥を忍んで中学校の級友に五十銭借りた。普通の人なら一日分の食事代だったが、楊逵は職に就くまで、この金で一週間食い繋いだ。その間、必死で仕事を捜し、漸く玩具工場の工員に雇われた。

最初の日、楊逵は空腹のために手が震えて指を負傷した。同僚が弁当を食べているのを見て、羨ましかったが、ぐっと耐えた。二日目に、弁当代は後払いとわかって昼飯にありついた。数カ月働くと、少し生活が落ち着いた。

その一方、楊逵は主張を実践するために社会運動に加わり、学生の仲間と講演会やビラ配りをして資本主義の罪悪を宣伝し、工員の政治意識を喚起した。また、読書会や新文化研究会を組織して、マルクス主義を説き、留学生によって組織される台湾青年会に社会科学研究部を設け、社会改革の意識を高めた。このような活動に専念したため、楊逵は失業に追い込まれ、再び仕事捜しに明け暮れ、郵便配達夫・日雇人夫などの職を転々とした。

国会議事堂の建築現場で作業中、足場を踏み外したが、仲間に助けられて命拾いをしたこともあった。半世紀後に来日したさい、楊逵は往時を回想して感慨を深めた。

一九二七年、東京帝国大学近くの仏教会館で朝鮮人の集会があり、楊逵を含む労働農民党牛込支部の会員十人も、反植民地運動を支援するために会場へ赴いた。集会が始まる前に、参加者の朝鮮人が多数検束された。

集会は予定どおり行なわれたが、途中で本富士署の警官に踏み込まれ、楊逵も捕まった。警察の取り調べで、楊逵は楊建《ようけん》と偽名を名乗り、たまたま通りかかっただけだと答えたが、名札をつけて写真を撮られた。近辺の警察署に照会されたため、目黒署に楊貴という名で記録が残っていることがわかった。楊逵は、マルクス主義を研究する左翼学生として、特高に検挙されたことがあったのである。偽名が露顕してしまったので、仕方なく楊逵は失業して生活ができないために加わった、と自白した。

尋問が終わると、署長が楊逵に天丼を振る舞い、職を世話すると約束した。当時の警察は、思想犯には幾分手心を加えていたのである。逮捕された三十八人は、台湾人と日本人が一人ずつで、ほかは朝鮮人であった。

拘置所の裏に剣道と柔道の道場があったが、木刀で叩かれて悲鳴を上げる朝鮮人の声がよく聞こえた。楊逵は、犯罪者の処遇が民族によって異なることを感じた。楊逵は最も軽い検束に処せられ、二日間の拘留で釈放された。

このころ、台湾の農地の所有権は、ほとんど日本の企業や退職官吏が握っていた。収穫が多くても、小作料と税金を払うと、手元にはいくばくも金が残らず、農民の生活は苦しかった。一九二五年、搾取に対する意識に目覚めた農民たちが、六月に二林蔗農組合を、十一月に鳳山農民組合を結成した。更に、企業から権益を勝ち取るため、翌年の六月には台湾農民組合に発展させた(四一頁参照)。

一九二七年八月、楊逵は日本大学を中途退学すると、台湾農民組合に呼応して農民運動に身を挺した。台北で台湾文化協会の連温卿と知り合って、民衆の講演会に加わり、台中農民組合の趙港《ちようこう》と研究会を作った。九月に鳳山農民組合に台湾農民組合中央委員長の簡吉《かんきつ》を訪れたとき、楊逵は後に妻となる葉陶《しようとう》と出会い、巡回講演に参加した。

十二月五日、楊逵は台湾農民組合の第一回全島大会宣言を起草して、逮捕された。当時、二十二歳の楊逵は台湾農民組合の組織委員兼教育部長、二十三歳の葉陶は婦人部長を担当していた。翌年二月三日、楊逵は台湾農民組合が組織した活動隊の、政治・組織・教育などの重要任務に就き、竹林争議事件の責任者として、竹山・小梅・朴子・麻豆・新化・中壢などの各地を回って、農民を組織した。

台中州竹山郡と台南州嘉義郡に跨る広大な竹林は、地元住民約二万人が二百数十年来、竹や筍を採取して生計を立てていた。しかし、日本領有後、その業主権が不明確という理由で官有林に編入された。一九〇八年、総督府は林役権を強制解除し、模範林に指定して三菱製紙所にその経営を委託した。これが原因となって、一九一二年暴徒が派出所を襲撃し、三人の警官を殺すという林杞埔事件も起きた。こうした事件の争議の責任者となったために、楊逵は連続六回も拘留されたが、後に、竹林争議の方針について簡吉と意見が合わなくなり、台湾農民組合を脱会した。そして、台湾文化協会に加入し、中央委員に選ばれると、彰化や鹿港で読書会を開いて社会運動に努めた。

創作活動　台湾文化協会の週刊誌『台湾大衆時報』が一九二八年五月七日に創刊された。楊逵は記者を務め、創刊号に「当面の国際情勢」と題して論評を載せた。だが、『台湾大衆時報』は七月九日第十号で停刊となった。

翌年の一月十日、台湾文化協会の中央委員会で、楊逵は議長に選ばれた。二月十一日、台湾総工会会員大会の席上で、楊逵は葉陶とともに演壇に立った。その晩は台湾文化協会台南支部に泊まり、翌日新化へ帰って結婚式を挙げる予定であったが、二人は一緒に台南警察署に連行され、台中の監獄へ送られた。はからずも、これが十七日間の官費蜜月旅行となってしまった。漸く出獄した二人は、三月に故郷で式を挙げた。

一九三二年、楊逵の『新聞配達夫』の前半が頼和の推薦で『台湾新民報』に掲載されたが、後半は発表禁止となった。この作品は、日本で新聞配達夫や家庭教師などを体験した実生活を素材に描いたものである。作中で楊逵は、資本家の搾取によって貧困と苦痛に喘ぐ台湾の農民に、自立の道を説き、民族や国籍を超えた無産階級労働者の立場から反資本主義を唱え、社会改革の究極の目的を描いた。

一九三四年、東京の『文学評論』十月号で、『新聞配達夫』が二等賞（一等賞は該当者なし）に入選した。楊逵は、台湾人作家として初めて日本の文壇に登場したのである。

慶応義塾大学に留学中の魯迅の門人胡風が、『新聞配達夫』を中国語に翻訳した。一九三六年五月、上海の生活書店から刊行されていた世界知識叢書の『弱小民族小説選』に収録されたが、台湾では発売禁止となった。

楊逵は、何集壁《かしゅうへき》の紹介で張深切と知り合い、台湾文芸連盟の月刊誌『台湾文芸』の編集委員に登用された。一九三五年、『台湾文芸』の編集委員会で、張星建《ちょうせいけん》と意見が合わなかったために辞職し、頼和の援助を得て台湾新文学社を創立した。

『台湾新文学』には、大衆の貧しい生活を現実的に描き、濃厚な社会主義思想を帯びている作品が掲載された。創刊号には、左翼の作家徳永直・葉山嘉樹・石川達三らの祝辞のほか、ロシア・中国・日本のリアリズム文学の作品が紹介された。ゴーリキー特集や魯迅の追悼文が掲載されたこともあった。

このように『台湾新文学』はプロレタリア文学の色彩が濃く、民族意識を掲げる『台湾文芸』とは主旨が異なっていた。『台湾新文学』は日本語版と漢文版が作られたが、十五期まで発行した時点で漢文版の発行が禁じられ、廃刊に追い込まれた。

首陽農園　一九三七年六月、楊逵は再び日本へ赴き、東京の『日本学芸新聞』『星座』『文芸首都』の責任者に、台湾新文学欄を設けるように頼んだ。快諾を得たものの日中戦争が勃発したため、実現しなかった。本郷の旅館に滞在中、楊逵は逮捕されたが、『大勢新聞』の主筆の助けを得て保釈になり、警察の目を暗ますため、東京近郊の鶴巻温泉に身を潜めた。「田園小景」を「模範村」と改題して改造社の編集部に投稿したが、当局の検閲に触れて突き返された。

その年の九月、楊逵は台湾に帰って早々、喀血して病床に臥せった。数カ月寝ていたため、米屋からの借金が二十円に膨れ上がって提訴された。

幸い、楊逵の愛読者である左翼の警官入田春彦から百円の援助を受けた。楊逵はそれで借金を返済し、三十円で台中市梅枝町に二百坪の土地を借りることができた。そこを首陽農園と名づけて野菜や花を作り、強権に支配されない暮らしを始めた。

鍬を借りて畑を耕しながら、楊逵は今後の生活設計を立てた。ある晩の十時ごろ、東京で別れた友人の林懐古《りんかいこ》が十年ぶりに訪ねてきた。誘われて酒を飲みに行き、心の憂さを晴らした。後日、再び林懐古が来て農園を見たところ、畑は半分耕されたまま放置されていた。訳を訊くと、草むらに隠しておいた鍬が盗まれて耕作ができないと楊逵が訴えるので、林懐古は見かねて、懐から二十円出して農具や種を買わせた。

種を蒔いて一カ月もすると作物は芽を出し、肥料を施すうちに大きく生長した。楊逵は、困ったときに手を差し延べてくれる友人の温かさを身に染みて感じた。

世が移り変わるにつれて、あらゆる方面で人材が求められ、天賦を発揮する機会が巡ってきた。台湾人でも、満州国の大臣に登用された人物がいた。友人から、「人材を必要としているのに、なぜ応募しないのか」と訊かれ、楊逵は苦笑しながら次のように断わった。

「わたしみたいな、頑固で要領の悪い人間は、社会にそぐわない」

楊逵はこれまで当局に反抗し続けてきたが、挫折した現在では、文化的活動に縁のない生活を余儀なくされている。季節が巡るように、一定の周期で楊逵の生活は浮き沈みしていた。

作物には、夏の暑さや冬の寒さが必要である。また雨も欠かせない。雨が降れば水を撒く手間が省け、その時間を読書と創作に当てることができる。泥に塗《まみ》れて働く生活を始めてから喀血の回数が減り、血色がよくなって体重が増えた。地主と雑談をしていたとき、楊逵が、「わたしも一人前の農夫になった」と自慢して腕を見せた。地主は、「まだまだ早い。わたしみたいに黒光りして、雨を弾くくらいにならなければ、一人前とは言えない」と笑った。この言葉が一寸した励ましとなり、楊逵は体を鍛えようと思った。

あるとき、突然旧友が訪ねてきて、「みんながきみの体を心配しているので、様子を見に来たんだよ」と言った。ここ数年、貧しさに喘ぐ二、三十歳の知人が十数人も死んでいたので、案じるのも無理はなかった。実際、喀血を繰り返しながら鍬を振るう生活では、楊逵も長生きできそうになかった。

ある日、夕暮れに花を植えていると頼和が来て、「黄朝棟《こうちょうとう》君が一週間前になくなったよ」と告げた。これを聞いて楊逵は衝撃を受けた。

二カ月前、楊逵は入田春彦と、彰化八卦山の斜面にある黄朝棟の粗末な家を訪ねた。そのとき、黄朝棟は金を借りに出かけて留守で、妻が産後間もない体で薪割りをしていた。三十分ほど待つと、黄朝棟が帰ってきた。痩せ衰えたその姿を見て、長いことはないと感じられた。楊逵はそれを思い出して、胸が痛んだ。

雨が数日降り続いたので、畑を見に行くと、雑草が青菜を凌いで蔓延り、花の苗が埋もれていた。

藁葺きの家の側には鶏・家鴨・鵞鳥・豚などの小屋が並び、風が吹くと異臭が漂ってきた。そのうえ、農園の裏には火葬場があり、毎日のように生臭い匂いが南風に乗って運ばれてくる。農園を訪れる者はみな異様に思うが、灌水や施肥をしながら農夫と話していると、楊逵は詩情さえ覚えるのであった。

楊逵は弾圧に抵抗し続けてきたが、戦争末期の皇民化政策に初志を曲げざるをえなくなった。一九四四年、台湾文学奉公会が刊行する『台湾文芸』に「首陽解除記」を発表して、戦時総決起に協調する姿勢を示した。八月には、総督府情報課の要請で石底炭鉱を見学して、大和魂を褒め称える一文を書いた。

和平宣言　日本の敗戦に伴い、楊逵は首陽農園を一陽農園と改めた。台湾が中国に復帰して、これまで抑圧されてきた社会運動への情熱を新台湾建設のために役立てたいと考え、一陽来復を念じて、農園の名称を改めたのである。

祖国への復帰を祝って、楊逵は『一陽週報』を発行した。三人の文学少女が交替で原紙を切り、謄写印刷して皆に配った。三民主義を宣揚するのを目的とし、人を惹きつける斬新な内容で、楊逵の作品も誌上で発表されていた。毎週発行されるので原稿集めに支障が生じたが、都合よく、台北帝国大学の中井亨と金関丈夫の両教授からトラック二台分の書籍をもらった。その中には、華南から持ち帰られた中国の貴重な珍本が数多くあった。二人は引き揚げのさい、これらの書籍を日本へ持ち帰れないため、楊逵に与えたのである。楊逵はこの中から作品を抜粋して『一陽週報』に載せた。

文学に関係のない書籍は台中図書館へ売却したので、台中図書館は一時期、台湾における中国文の蔵書が最も多い図書館となった。

やがて、国民党に対する島民の期待は大きく外れて、不幸にも二・二八事件が起こった。このとき楊逵は、台中で国民党が発行する『和平日報』の新文学欄の編集を担当していたが、大陸出身者を島民の制裁から守るため、旅館に保護した。楊逵は印刷工とともに号外を刷り、処理委員会の動向や示威の情報を伝えた。

処理委員会台中支部から組織部の担当を依頼された楊逵は、ビラを印刷して、農協・商工会・学生会を指揮した。台湾共産党の幹部蔡孝乾が、『人民日報』を発行するため、協力を求めてきた。楊逵は、今に国民党の大軍が来て、追い散らされるのは目に見えていると言って断わり、その代わり融通のきく週刊誌か隔週刊誌にしてはどうかと提案した。また、市中に溢れている青年を農村へ配置し、彼らを結集させて勢力範囲を広げるように勧めた。

二人が論じ合った二日後、早くも大陸から国民党の援軍が進出してきて、人々は逃げ回った。楊逵も船で逃亡を企てたが、海岸線まで封鎖され、台中に戻らざるをえなかった。

一九四七年四月のある晩、楊逵夫妻は国民党軍が支配する二七部隊へ連行された。部隊には既に大勢の者が拘束されており、楊逵を含む十七人が銃殺される予定になっていた。刑が執行される前日、魏道明が台湾省主席に就任し、一人だけが死刑となり、ほかの十六人は免れた。

八月、楊逵夫妻は釈放され、今後著述に携わる場合は、当局へ届け出るように言い渡された。

翌年八月、楊逵は戦後初の文学雑誌『台湾文学叢刊』を創刊した。同時に中国文芸叢書を出版し、一九三〇年代の有名な作品を日本語に訳して島民に紹介した。例えば魯迅・巴金《はきん》・茅盾《ぼうじゅん》・沈従文《しんじゅうぶん》・老舎《ろうしゃ》らの作品の日中対訳本などを作った。出版の目的は、島民と大陸出身の知識人に相互の偏見を捨てさせ、理解を深めさせるためであった。

出版に先立って、大陸出身のある陸軍少尉が楊逵を訪ねてきた。少尉はかつて満州で出版の経験を持ち、文化事業に深い関心を寄せていたので、「本の出版に役立ててください」と、金の指輪を差し出した。資金にはまだ足りなかったが、後に友人からも援助を得て印刷に漕ぎ着けることができた。

また、楊逵は『力行報』から新文芸欄の編集を頼まれ、『台湾新生報』からも依頼された。二・二八事件後、島民と大陸出身者の間には、依然として深い溝があった。双方の隔絶をなくすために、まず報道機関に携わる有志たちは親善を深める会合を持った。楊逵は皆の信望を集めていたので、「和平宣言」の起草を勧められ、一九四九年一月、次のような内容の草案を作成した。

陳誠《ちんせい》は台湾省主席就任の記者会見で、「人民の意志を以て意志とし、人民の利益を以て利益とすることは、我々が正しいと認めるところである」と宣布した。

しかし、人民の意志とはなんぞや。これは、人心の奥底から出たものでなければならず、主観によって決められるものではない。

私の知るところでは、現在国内の戦乱は既に和平への重要な局面に臨んでいる。台湾は大陸の各省に比べて安定し、戦乱がないとはいえ、誰もが局面の進展に関心を寄せ、浄土に戦乱が蔓延することを深く恐れている。戦乱の原因を究明し、巻き込まれないようにしっかりとした活力を保ち、復興に努めねばならない。

我々は、台湾が和平建設の模範省になることができると信じている。だが、和平建設は容易に達成できるものではなく、皆が協力して推進せねばならない。

一、一致協力して、独立や国連信託統治下に置くという一切の企てをなくすことを社会の各階層に要請し、二・二八事件のような惨事を二度と繰り返さない。

二、速やかに政治を民の手に返す準備をし、人民の言論や集会・結社・出版・思想・信仰の自由を確実に保障することを政府に要請する。

三、すべての政治犯を釈放し、政治的な逮捕を止めて、各党派が政党政治に基づいて常軌の公式活動をできるよう政府に要請する。共に和平建設を図り、人々を梁山《りょうざん》（豪傑を気どる者の本拠地）に追い込まないようにする。

四、生産を増やし、合理的な分配を行なって、経済の不均衡による歪みを打破する。

五、孫文の遺言に従い、下から上へ意見が伝わるような地方自治を実施する。

人民の意志を掌握できるように、各地の公正なる人士による地方自治促進会・人権擁護委員会が速やかに組織されなければならない。多くの人々を動員して、不法行為を監視し、不法分子を粛清する。

我々は、台湾文化界の理性ある協力によって、人民の愛国への情熱が台湾と大陸の隔絶をなくすと信じる。更に、台湾と大陸の文化界の誠意ある協力によって浄土を保ち、台湾建設を軌道に乗せて楽園とすることを信じる。よって、再び武装で民心を刺激し、恐ろしい局面を作り、安定した浄土を戦乱で壊滅させないように望む。次のように我々の標語を挙げる。

潔白な文化人よ、一致団結して立ち上がれ。

社会の各階層に呼びかけて、人民の利益のために共に奮闘しよう。

台湾へのいかなる戦乱の波及をも防ごう。

政治を民に返すよう政府を監視し、平和的に建国しよう。

楊逵は、これを謄写版で二十部刷って、大陸出身の友人に送った。『台湾新生報』の「橋」という欄を担当していた史習枚《ししゅうばい》も一部受け取った。そこへ訪ねてきた上海の『大公報』の特派員が、「和平宣言」の草案に興味を持ち、これを記事として載せてしまった。

このとき、内戦で既に共産党は北京を攻略しており、国民党は張治中《ちょうじちゅう》・邵力子《しょうりきし》を代表として和平会談に派遣したが、二人とも戻ってこなかった。

南京国民政府は、陳誠を台湾省主席に任じた。陳誠が上海を経て赴任する途上で、記者が「和平宣言」について意見を求めた。台湾に着いた陳誠は記者会見に臨み、「台中には、共産党の第五列（スパイ）がいる。その者たちを、みな海へ沈めなければならない」と激怒した。楊逵はこれを聞いて身の危険を感じた。

そのころ史習枚が講演会や座談会を開くときには、必ず楊逵を立てて主催者にし、北京語を話せない楊逵に、台湾大学に勤める大陸出身者を通訳につけた。反響が大きかったので、いつも会場は台湾省立師範学院であった。

一九四九年四月三日、師範学院と国立台湾大学の学生が、警官と揉み合った。三日後、三百二十五人が拘束されたが、師範学院の学生が三百人を占めていたため、学生たちを操っていると疑われた楊逵夫妻も同じ日に逮捕された。

更に、指輪を提供した少尉や『台湾新生報』の台中地区責任者鐘《しよう》丙山《へいざん》、『力行報』の社長以下全員が捕まった。史習枚も捕まったが、叔父の参謀総長の威光で、直ぐに釈放された。

楊逵は、台北保安局・台北監獄・警務処の陽明山招待所を転々と送致された。

陽明山招待所は旅館を借り切った建物で、居心地は悪くなかった。建物の中では自由に行動できたが、外へは出られず、常に警官が厳しく監視していた。楊逵は、共産党の組織に加わったかどうかを執拗に尋問された。どんなに責められても、楊逵は否定し続け、「和平宣言」を起草した事実だけを認めた。

尋問のさい、台湾警備総司令部の米《べい》大佐が陪審に来ていた。食事が済むと直ぐに尋問が始められ、数人が交替で明け方まで続けて、数日間眠らせなかった。朦朧としている楊逵の肩を叩いて、米大佐が、「きみは、ガンジーの風格を備えている」と囁いた。米大佐は、共産党の要人劉《りゆう》少奇《しようき》（一八九八—一九六九）の著書『党の組織を論ず』を手に、共産党と関わりがあるような事を口にしてはいけない、と暗示した。もし、共産党員とわかれば、銃殺は間違いなかったからである。一通り尋問が終わると、楊逵は軍の刑務所へ移された。

その間に、米大佐は共産党に通じていたことが露顕して、台北監獄へ収監された。楊逵が軍の刑務所に入っている間に、二人の仲間が送られてきた。二人は、台北監獄で米大佐と同房であったが、米大佐は死期が近いと自ら覚悟し、楊逵に会ったら励ますように二人へ言付けておいた。結局、米大佐は共産党に軍事機密を漏らした廉《かど》で銃殺された。

一方、妻の葉陶は「和平宣言」の一件には関係がないとわかり、放免となった。しかし、それから三、四カ月後に起きた共産党の宣伝紙『光明報』の事件で、鍾理和《しょうりか》・鍾浩東《しょうこうとう》・林正享《りんせいきょう》が捕らえられ、拷問に耐えかねた林正享は、葉陶が『光明報』台中地区の責任者であったと偽りの供述をした。そのために葉陶は再び逮捕されて、楊逵と同じ軍の刑務所に連行された。

一九四九年夏、国民党と共産党の内戦の最中、台湾で『光明報』の関係者が検挙された。基隆中学校長鍾浩東らが逮捕され国民党に銃殺された。これを光明報事件という。

空地を挟んで、楊逵と葉陶の監房は向かい合わせに建っていた。刑務所内では、囚人を番号で呼ぶが、ある衛兵は楊逵を楊先生と敬い、好意を示した。刑務所では毎朝、一杯の水で三分の間に口を漱ぎ、顔を洗うだけで、入浴はできないことになっていた。ところがその衛兵は、人気の少ない午後を選んで密かに扉を開け、楊逵に三十分の入浴時間を与えた。入浴が済むと、葉陶と話す時間を設け、人の気配がすると、鍵の音を立てて合図を送ってくれた。

なぜ、便宜を図ってくれるのかわからなかったが、恐らく上官が内密に指示していたのだろう。

葉陶は四カ月間拘束された末、証拠不充分で放免になった。この間、十七歳の長男楊資崩《ようしほう》は、働きながら弟や妹の面倒を見る一方で、隔週に一度、軍の刑務所へ差し入れを持って面会に来た。

一般の者は、軍の刑務所では誰がどこに拘束されているのか知るすべがなかった。ところが、楊資崩は二人を捜し当てるばかりでなく、知人が拘束されている所まで探ることができた。

日本統治時代から台湾共産党員の弁護を無償で引き受けていた弁護士の楊基先《ようきせん》は、楊逵夫妻の入獄中、三人の子供の学資を援助した。後に、楊基先が台中市長の選挙に出馬したさい、葉陶と楊資崩は協力を惜しまなかった。警官が妨害に来て、ほかの運動員が逃げてしまっても、楊資崩は選挙事務所に残って最後まで頑張った。楊逵が刑期を終えて帰ってきたときには、楊基先は癌に冒されて他界した後であった。

軍法会議では、弁護士をつけることは許されず、裁判官・検察官・書記官・憲兵だけで秘密裏に判決が下された。裁判官が判決文を読み上げた後、「何か言いたいことはないか」と尋ねた。楊逵が口を開こうとすると、「もういい」と、裁判官に遮られ、憲兵に連れ出された。

漸く、楊逵は台湾省立師範学院で講演しただけで、反乱には加担していないことが明らかになった。「和平宣言」に賛同した鍾平山は十年、楊逵は十二年の流刑を言い渡された。このような政治犯は、数人集めて一組とし、百人くらいにまとまると、貨物船で護送される。楊逵は再び台北監獄へ移され、火焼島（緑島）行きの船を待つばかりであった。

遠島の生活　一九五一年、火焼島の監獄へ移された楊逵は、服役中に北京語を学び、新たな創作活動を始めた。火焼島の壁新聞『新生活』と『新生月刊』に数多くの作品を発表したが、その中には、後に中学校の教科書に載った優れた作品もある。

送致されてきた政治犯の中には、呂水閣《りょすいかく》・胡鑫麟《こきんりん》・胡宝珍《こほうちん》・王荆樹《おうけいじゅ》・「阿司匹霊《アスピリン》」ら約十人の医者がいた。これらの医者は、医務室で受刑者を診療した。火焼島では薬の種類が少なく、西螺出身のある医者は、感冒の症状や腹痛・頭痛などを訴えると、いつでもアスピリンを処方したので、皆に「阿司匹霊」と呼ばれていた。

医者たちは、後に社会復帰してからも火焼島の仲間に協力を惜しまなかった。軍医学校在学中に収監された学生が、刑期を終えて職捜しに困っていると、呂水閣は自ら営む医院に雇い入れた。

服役中、週に三日間が労働で、後の三日は国民党の政治思想への洗脳が行なわれた。小さい班に分かれて討論し、必ず発言することになっている。夜の予定はなかったが、ときには皆を集めて軍歌を練習させる。楊逵にとっては最も嫌な行事であった。

食事は、一般の軍人と変わらない。受刑者が育てた豚や鶏・野菜などを副食に供し、炊事も皆で分担していた。当初は酒を飲む機会がなかったが、後に祝い事のあるときだけ、売店で買って飲むことができるようになった。

看守の引率の下に外出が許されており、一部の者が海辺へ泳ぎに行っても、あまり咎められなかった。ただ、反抗した者は独房に入れられた。小遣いは、専ら友人や親族の援助に頼り、身寄りのない者は、塵紙一枚買えなかった。

家族との面会は、手続きさえ踏めば、一日じゅう一緒に過ごすことが許され、食事もできた。葉陶が二人の女児を連れて面会に来たときには、民宿に泊まり、昼間は楊逵と水入らずで過ごして、半月間滞在した。楊逵が出獄した後には、面会は一定の場所でガラス越しに行ない、看守が側に立って、厳しく時間を制限するようになった。

一九五九年、楊逵は刑期の途中で一度本島へ移され、台北市新生南路のある建物に軟禁された。特務の大佐と二人の兵卒が、常時監視していた。大佐は楊逵に、日本へ渡って特務工作をしないかと暗に打診した。楊逵は、日本と聞いて心が騒ぎ、「わたしももう五十を過ぎた。東京もすっかり変わっているでしょう。独りでは不安だから、長男を連れて行きたいのですが」と、条件をつけた。大陸出身の大佐は親しみのある人で、自分の私生活を話すことも多かった。大佐は日中戦争のとき、愛国心に燃えて特務工作に身を投じた。非常に意義のある仕事と考えていたが、現在はそうではなくなった。

大佐が特務の訓練を受けていたとき、給食や待遇に不満を持った訓練生が、巡視に来た戴笠《たいりゅう》に改善を求めた。戴笠は、何人かの代表を選んで意見を述べに来るようにと告げたが、代表は部屋から出た途端に、殺害されたという。

特務の仕事に嫌気がさした同僚が、ヴェトナムやビルマへ逃れると、当局が連れ戻して軍法会議にかけ、銃殺した。大佐は、特務の仕事から離れたいと思っているが、逃れられないと悩んでいた。

大佐は、人を動かす以上はその人の便宜を図ることも必要だと考え、楊逵に外出を許した。万一、この事が上官へ知れた場合の言い訳も心得ていた。

長男の楊資崩が台中から、私立大同工学院在学中の次男が台北から楊逵を迎えに来て、親子三人で北投温泉で遊んだ。楊逵は、籠から放された鳥のような解放感を味わい、大声で笑ったり、叫んだりしてはしゃいだ。後にこれが上司に知れて、大佐が全責任を取った。

あるとき、大佐が楊逵に数日間の帰省休暇を与えた。台中まで同行し、旅館に二晩泊まったが、退屈した大佐は、先に台北へ戻った。楊逵が予定どおり帰着すると、客室で待機していた大佐が、「もし、きみが帰って来なかったら、上官に弁解のしようがなかったよ」と、胸を撫で下ろした。

結局、楊逵は特務工作を引き受けなかったので、二カ月後再び火焼島へ収監された。そして、一九六一年四月六日、十二年の刑期を終えた。

「わたしは世界で最高の原稿料をもらった。僅か数百字の文章を書いただけで、十二年もただ飯を食えたからだ」

この言葉には限りない辛酸と抗議の心情が表れている。

翌年、楊逵は呂水閣から五千元借りて、台中郊外に荒地を購入して東海花園を経営した。花園の側に小屋を建てて住み、花を売って生計を立てた。後に、土地の一部を売却して、無利息で借金を返した。

晩年

一九七一年八月八日、日本の女流作家坂口䙥子を乗せた汽車が、台中駅に着いた。白い半袖のシャツを着た楊逵が改札口まで出迎え、二人は二十五年ぶりの再会を喜んだ。終戦の翌年三月に、坂口が日本へ引き揚げるさい、やはりここで、楊逵夫妻が見送ったのである。

坂口は楊逵の顔を見るなり、「奥さんは」と訊いた。

「一昨年の八月一日に亡くなったよ」

楊逵は、悲しみを帯びた低い声で答えた。坂口には、慰めの言葉が見つからなかった。

戦前、坂口が台中に住んでいたころは、よく首陽農園へ遊びに行った。いつ行っても、葉陶は素足に下駄を履いて忙しそうに働いていた。住居は、まるで原始時代の建物で、竹片・泥壁・藁葺きの細長い造りであった。放し飼いの家鴨が、坂口の足を突きに来る長閑《のどか》な暮らしであった。更に坂口は、楊逵と初めて会った日を思い浮かべた。

一九四二年五月のことである。台中市の中心街には、台中州庁・台中市役所・勧業銀行・台中郵便局が集まっていた。坂口が台中郵便局の階段を降りていくと、深緑の葉を広げている鳳凰木の陰に、中背の痩せた男が佇んでいた。白いシャツに長ズボンを穿いたその人は、柔和な視線を注ぎながら近づいてくると、「失礼ですが、坂口䙥子さんですか」と話しかけてきた。坂口は一瞬戸惑いながら頷いた。男が言った。

「一目で坂口さんだとわかりました。わたしは楊逵です」

名前を聞いて、坂口は頬を染めた。自分も寄稿者として名を連ねる『台湾文学』に発表された小説「無医村」の作者であることを記憶していたからである。これが二人の出会いであった。

「無医村」の大意は、次のようなものである。

繁盛している医者の塀を隔てた隣に、無名の若い医者が住んでいた。ある深夜、若い医者の家の戸を叩く者があった。医者は往診鞄を提げ、痩せ衰えた男の後について家を出た。男は細い路地を通って、貧民窟に入っていった。医者は繁華街の陰にこのような酷い地域があったとは知らなかった。

二人は小さい草葺きの、まるで洞窟のように暗い陰湿な家に着いた。医者が鞄から聴診器を取り出す間もなく、患者の息が止まった。家族が大声で泣き喚いた。医者は腕の見せどころとばかり、人工呼吸を施したが無駄であった。

家族から症状を聴いて、医者は流行病と診断した。高熱に喘ぎながら病床に就いていた四十日の間、患者は草根木皮の類を飲むだけであった。人の命は草芥のように儚い。医者は病気を治しに来たのに、死亡診断書を書く羽目になってしまった。

医者は、家族がポケットに捻じ込んだ代金を返し、悲しい気持ちで患家を後にした。帰宅すると、医者は直ぐに憤怒の詩を詠じたのであった。

楊逵と再会して旧交を温めた坂口は日本へ帰り、「楊逵と葉陶」の一文を日本の雑誌に載せた。楊逵の消息を、戦後の日本に初めて紹介したのである。これを契機に楊逵の作品は、日本と台湾の出版物に続々と登場するようになった。

一九七三年、台湾では戦後初めて林載爵《りんさいしやく》が、『中外文学』に楊逵の作品を取り上げた。二年後、張良沢《ちようりようたく》が編集した『新聞配達夫』『鵞鳥の嫁入り』などの八篇が、台南の大行出版社から上梓された。長年の沈黙を破って、楊逵は再び台湾の文壇に名を馳せたのである。

しかし、火焼島から戻った後、楊逵の作品は激減していた。雑誌関係者のインタビューに答えて、創作意欲をなくした理由を楊逵は次のように述べている。

「心の中で思っていることは書けない。そうかといって、迎合するような文章は書きたくない。そのため、どうやって筆を運んでよいのかわからないのだ。筆は鍬より重く、もう持てなくなった」

そして、筆を鍬に持ち替えて大地に詩を書くのだ、と自嘲気味に語るのであった。

一九八二年八月二十八日、楊逵はアイオワ大学の国際作家クラブの招きで、米国を訪れた。帰途、日本へ立ち寄って、旧友と再会を喜び、十二月十三日台湾へ帰った。翌年一月に第六回呉三連文学賞、十一月に第一回台米基金会人文科学賞を受けた。晩年、創作は少なくなったが、一九八五年三月十二日に死亡する前日まで楊逵は書き続けた。

台湾史年表

一二八一	元朝、澎湖島に巡検司を置く（一説には一三三五年）
一六〇三	オランダ艦隊、澎湖島を占拠。後に撤退
一六二二	オランダ艦隊、再び澎湖島を占拠
一六二四	鄭成功、平戸に生まれる（一六六二病死）
一六二六	スペイン、台湾北部を占拠し、サン・サルバドル城を築く
一六二九	スペイン、淡水にサン・ドミンゴ城を築く
一六三〇	オランダ、安平にゼーランジャ城を築く
一六四二	オランダ艦隊、台湾北部のスペイン人を追い払う
一六四六	鄭芝竜、清朝に投降
一六五〇	オランダ、台南にプロビデンシャ城を築く
一六六一	鄭成功、オランダ支配下の台湾に進攻
一六六二	オランダ人退去。鄭氏政権、台湾を東都と改称
一六八三	六月十四日、施琅、鄭氏政権を滅ぼす
一六八四	福建省下に台湾府と台湾（台南）・鳳山・諸羅の三県を置く
一七八六	十一月二十七日、林爽文の乱
一七九二	万華開港
一八六二	三月十七日、戴潮春の乱
一八六六	辜顕栄、鹿港に生まれる（一九三七死亡）
一八七二	二月一日、マッケイ、台湾北部で布教を始める
一八七四	二月十九日、西郷従道、牡丹社蕃を討つ
一八七九	九月、馬偕医館（マッケイ病院の前身）落成
一八八〇	葉清耀、東勢に生まれる（一九四二死亡）
一八八一	林献堂、阿罩霧に生まれる（一九五六死亡）
一八八四	六月十五日、フランス艦隊、台湾北部に

進攻、澎湖島を占拠

一八八五　九月五日、台湾は福建省から独立。初代台湾巡撫に劉銘伝が任命される

一八八九　蔡培火、北港で生まれる（一九八三死亡）

一八九一　十月二十四日、邵友濂、第二代巡撫に着任。蔣渭水、宜蘭に生まれる（一九三一病死）

一八九三　陳炘、大甲に生まれる（一九四七死亡）。杜聡明、淡水に生まれる（一九八六死亡）

一八九四　唐景崧、第三代巡撫に着任。頼和、彰化に生まれる（一九四三死亡）。八月一日、日清戦争勃発

一八九五　四月十七日、下関条約締結により台湾を日本に割譲。五月十日、樺山資紀、初代台湾総督に任命される。五月二十五日、台湾民主国樹立。五月二十九日、日本軍、澳底に上陸。六月十七日、総督府始政式

一八九六　三月三十日、六三法公布。六月二日、桂太郎、第二代総督に着任。十月十四日、乃木希典、第三代総督に着任

一八九七　一月二十一日、台湾アヘン令公布

一八九八　二月二十六日、児玉源太郎、第四代総督に着任。八月三十一日、保甲条例公布。十一月五日、匪徒刑罰令公布

一八九九　四月十七日、台湾総督府医学校開設。施乾、淡水に生まれる（一九四四死亡）。九月二十六日、台湾銀行営業開始

一九〇〇　四月十日、郭国基、屏東に生まれる（一九七〇死亡）。六月二日、呉濁流、新埔に生まれる（一九七六死亡）。十二月十日、台湾製糖株式会社設立

一九〇一　六月一日、マッケイ、上海で病死。林俊堂、霧峰に櫟社を発足

一九〇二　十二月、後藤新平、アヘン専売制度の功績により勲二等旭日章を受ける

一九〇五　九月十一日、台北市に電灯が点く。十月十八日、楊逵、大目降街に生まれる（一九八五死亡）

一九〇六　六月十一日、佐久間左馬太、第五代総督に着任。鄧雨賢、竜潭に生まれる（一九四四死亡）

一九〇七　四月二十日、縦貫鉄道開通。十一月十五

	日、北埔事件
一九一一	三月十八日、梁啓超、林献堂の招きで訪台
一九一二	三月二十三日、林杞埔事件。十二月二十六日、マッケイ病院落成
一九一四	二月十七日、板垣退助訪台。十一月二十二日、板垣退助、再び訪台。同化会を組織
一九一五	一月二十六日、同化会解散。二月、台中中学開設。四月三十日、安東貞美、第六代総督に着任。八月三日、西来庵事件
一九一八	六三法撤廃期成同盟、東京で結成。六月一日、孫文訪台。翌日離台。六月六日、明石元二郎、第七代総督に着任。ウィルソン、民族自決を唱える
一九一九	三月、台湾総督府庁舎落成。四月、台湾電力株式会社設立。十月二十九日、田健次郎、第八代総督に着任
一九二〇	一月十一日、新民会、東京で結成。七月十六日、『台湾青年』創刊
一九二一	一月三十日、台湾議会設置請願運動起こる。十月十七日、台湾文化協会成立
一九二二	四月十日、『台湾青年』を『台湾』と改称。十二月十六日、杜聡明、京都大学で医学博士号を受ける（台湾最初の博士）
一九二三	四月十五日、『台湾』が『台湾民報』に発展。九月六日、内田嘉吉、第九代総督に着任。十一月八日、辜顕栄、公益会を結成。十二月十六日、治警事件
一九二四	九月一日、伊沢多喜男、第十代総督に着任
一九二五	二月十一日、ジュネーヴ第一アヘン条約成立。三月十二日、孫文、北京で病死。三月二十四日、台湾民報社、孫文追悼式を挙げるが禁止される。六月二十八日、二林蔗農組合結成。十一月十五日、鳳山農民組合結成
一九二六	六月二十八日、台湾農民組合結成。七月五日、杜聡明、世界麻薬教育会議で講演。七月十六日、上山満之進、第十一代総督に着任。十二月三十日、大東信託株式会社設立。この年、台北高校開校

一九二七　一月二日、蔡培火、ローマ字表記を唱える。一月三日、台湾文化協会分裂。七月十日、台湾民衆党結党

一九二八　二月十九日、工友総連盟発足。三月十七日、台北帝国大学開設。六月十六日、川村竹治、第十二代総督に着任

一九二九　七月三十日、石塚英藏、第十三代総督に着任

一九三〇　一月二日、蔣渭水ら、台湾アヘン問題で国際連盟に打電。二月、国際連盟極東アヘン問題調査委員会、台湾を視察。三月二十九日、『台湾民報』を『台湾新民報』と改称。四月一日、台北更生院開設。八月十七日、台湾地方自治連盟発足。十月二十六日、台湾文化三百年記念大会開催。十月二十七日、霧社事件

一九三一　一月十六日、太田政弘、第十四代総督に着任。二月十八日、台湾民衆党解散

一九三二　三月二日、南弘、第十五代総督に着任。五月十九日、楊逵、『新聞配達夫』を『台湾新民報』に発表。五月二十七日、中川健蔵、第十六代総督に着任。八月十日、葉清耀、明治大学で法学博士号を受ける（台湾最初の法学博士）

一九三三　三月一日、内台共婚法実施。十月二日、愛愛寮開設

一九三四　七月三日、辜顕栄、貴族院議員に勅選。九月二日、台湾議会設置請願運動停止。十月、楊逵の『新聞配達夫』、東京の『文芸評論』に入選

一九三五　四月一日、台湾地方自治制実施。十月十日、始政四十周年大博覧会開催

一九三六　五月、上海の生活書店より『新聞配達夫』の中国語訳刊行。六月十七日、林献堂の祖国事件。九月二日、小林躋造、第十七代総督に着任

一九三七　四月一日、皇民化運動推進、新聞の漢文欄廃止。七月七日、日中戦争勃発。七月十五日、台湾地方自治連盟解散

一九四〇　一月一日、西川満、台湾文芸家協会を創設して『文芸台湾』を発行。二月十一日、改姓名規則公布。十一月二十七日、長谷

一九四一	川清、第十八代総督に着任
一九四二	二月十一日、『台湾新民報』を『興南新聞』と改称。四月十九日、皇民奉行会。十一月、東港事件。十二月、高砂義勇兵、比島戦線に参戦
一九四四	九月二十四日、台湾に徴兵制を布く。十二月三十日、安藤利吉、第十九代総督に着任
一九四五	四月三日、林献堂・簡朗山・許丙ら、貴族院議員に勅選。六月十七日、保甲制廃止。八月十五日、日本の敗戦。十月二十四日、陳儀、台湾省行政長官兼警備総司令に着任。十月二十五日、台北市公会堂にて受降式。十一月、食糧不足、物価高騰始まる
一九四六	二月十二日、日本書籍を取り締まる。四月十九日、安藤利吉元総督自殺。八月二十九日、台湾復帰表敬訪問団、大陸へ向かう
一九四七	二・二八事件。五月十六日、魏道明、第二代省主席に着任
一九四八	九月一日、廖文毅ら、国連に台湾信託統治請願書を提出
一九四九	一月五日、陳誠、第三代省主席に着任。一月、楊逵、「和平宣言」を起草。十月一日、中華人民共和国樹立。十二月九日、国民政府、台北に遷都。十二月二十一日、呉国楨、第四代省主席に着任
一九五〇	三月一日、蔣介石、総統に復職。三月、日本軍顧問団（白団）、台北で活動開始。六月十八日、陳儀、銃殺される。十二月二十日、台湾大学総長傅斯年急死
一九五一	四月十四日、頼和、忠烈祠に祭られる
一九五二	四月二十八日、日華平和条約、台北で調印
一九五三	四月十五日、兪鴻鈞、第五代省主席に着任
一九五四	三月十六日、羅家倫、簡体字の必要を提唱。三月十七日、前省主席呉国楨、米国で国民党政府を非難。六月七日、厳家淦、第六代省主席に着任。十二月二日、米華相互防衛条約、ワシントンで調印

一九五五　一月、邱永漢、直木賞受賞

一九五六　一月、廖文毅ら、東京で台湾共和国臨時政府樹立。呉濁流の『アジアの孤児』、日本の一二三書房から出版

一九五七　六月二日、岸信介首相訪台。八月一日、雷震、『自由中国』の中で大陸反攻を批判。八月十六日、周至柔、第七代省主席に着任

一九五八　八月二十三日、金門砲撃戦。九月三日、頼和、忠烈祠から除名される

一九五九　八月七日、八・七水害（六十二年来最大の被害）

一九六〇　四月、『台湾青年』、東京で創刊。十月八日、雷震、十年の懲役刑で入獄、『自由中国』廃刊

一九六一　三月五日、李万居の『公論報』廃刊。四月六日、楊逵出獄

一九六二　二月二十四日、胡適、台湾で急死。七月、史明の『台湾人四百年史』出版。十二月一日、黄杰、第八代省主席に着任

一九六四　九月二十日、彭明敏ら、「台湾人民自救宣言」を起草、逮捕される

一九六五　十二月二日、マラリア根絶

一九六八　九月一日、九年制義務教育制度発足

一九六九　七月五日、陳大慶、第九代省主席に着任

一九七〇　一月三十一日、彭明敏、台湾を脱出。四月二十四日、黄文雄ら、訪米中の蒋経国を狙撃

一九七一　十月二十六日、中華人民共和国が国連に加盟、国民政府国連脱退

一九七二　六月六日、謝東閔、第十代省主席に着任。九月二十九日、日中国交回復、国民政府は対日断交

一九七五　四月五日、蒋介石死亡

一九七六　三月二十六日、林語堂、香港で病死

一九七八　六月八日、林洋港、第十一代省主席に着任

一九七九　八月十五日、『美麗島』創刊。十二月十日、美麗島事件

一九八〇　二月二十八日、美麗島事件で入獄中の林義雄の母と双子の娘、刺殺される

一九八一　六月九日、台湾鉄道敷設百年。十二月五

	日、李登輝、第十二代省主席に着任
一九八三	一月、楊逵、第六回呉三連文学賞を受ける。十一月、楊逵、第一回台米基金人文科学賞を受ける
一九八四	一月十九日、頼和、再び忠烈祠に祭られる。三月二十一日、総統に蔣経国再選、副総統に李登輝当選。六月九日、邱創煥、第十三代省主席に着任
一九八六	九月二十八日、民主進歩党結党
一九八七	七月十五日、戒厳令を解除。七月十七日、台湾大学で心臓移植に成功。十二月二日、大陸への親族訪問を許可
一九八八	一月十三日、蔣経国病死。李登輝、総統を継ぐ
一九八九	九月十五日、侯孝賢監督の『悲情城市』、ヴェネチア映画祭金獅子賞を受ける
一九九〇	六月一日、連戦、第十四代省主席に任命される
一九九一	五月一日、国民党、共産党との内戦終結を宣言
一九九二	七月十四日・十五日、国家音楽庁で鄧雨賢作品音楽会開催
一九九三	二月二十八日、官民による二・二八事件記念碑建立の鍬入れ。三月二十日、宋楚瑜、第十五代省主席に着任

参考文献

※発行年に従って配列。
※《 》内は中国語書籍。

川崎三郎『日清戦史』第七巻　博文館　一八九七年
伊能嘉矩『領台始末』台湾日日新報社、一九〇四年
竹越与三郎『台湾統治志』博文館　一九〇五年
杉山靖憲『台湾歴代総督之治績』帝国地方行政学会　一九二二年
橋本白水『台湾の官民』南国出版協会　一九二四年
藤崎済之助『台湾史と樺山大将』国史刊行会　一九二六年
小森徳治『明石元二郎』全二冊　台湾日日新報社　一九二八年
三井邦太郎編『吾等の知れる後藤新平』東洋協会　一九二九年
川村竹治『台湾の一年』時事研究会　一九三〇年
橋本白水『台湾統治と其功労者』南国出版協会　一九三〇年
小森徳治『佐久間左馬太』台湾救済団　一九三三年
井出季知太『台湾治績志』台湾日日新報社　一九三七年
渡辺求『台湾と乃木大将』大日本文化協会　一九四〇年
竹内清『事変と台湾人』台湾新民報社　一九四〇年
信夫清三郎『後藤新平伯』博文館　一九四一年
上山君記念事業会編『上山満之進』全二冊　成武堂　一九四一年
宿利重一『児玉源太郎』国際日本協会　一九四三年
鶴見祐輔『後藤新平伝』台湾統治篇上・下　太平洋協会　一九四三年

中村哲『植民地統治法の基本問題』　日本評論社　一九四三年
清宮四郎『外地法序説』　有斐閣　一九四四年
伊藤金次郎『台湾欺かざるの記』　明倫閣　一九四八年
葉栄鐘編《林献堂先生紀念集》全三巻　林献堂先生紀念集編纂委員会　一九六〇年
浅田喬二『日本帝国主義と旧植民地地主制』　お茶の水書房　一九六八年
王育徳『台湾』　弘文堂　一九七〇年
黄昭堂『台湾民主国の研究』　東京大学出版会　一九七〇年
戴天昭『台湾国際政治史』　法政大学出版局　一九七一年
許世楷『日本統治下の台湾』　東京大学出版会　一九七二年
山辺健太郎編『台湾』全二冊　みすず書房　一九七五年
森田俊介『台湾の霧社事件』　伸共社　一九七六年
加藤邦彦『一視同仁の果て――台湾人元軍属の境遇』　勁草書房　一九七九年
塩見俊二『秘録・終戦直後の台湾』　高知新聞社　一九七九年
李南衡主編《頼和先生全集》　明潭出版社　一九七九年
黄昭堂『台湾総督府』　教育社　一九八一年
伊藤隆・野村実編『海軍大将小林躋造覚書』　山川出版社　一九八一年
劉明修『台湾統治と阿片問題』　山川出版社　一九八三年
宮本延人『台湾の原住民族』　六興出版　一九八五年
張炎憲・李筱峰・荘永明編《台湾近代名人誌》全五冊　自立晩報　一九八七年
戴國煇『台湾』　岩波書店　一九八八年
矢内原忠雄『帝国主義下の台湾』　岩波書店　一九八八年

呉濁流《台湾連翹》前衛出版社　一九八八年
呉濁流《無花果》前衛出版社　一九八八年
杜聡明《回憶録》全二冊　竜文出版社　一九八八年
陳芳明《楊逵的文学生涯》前衛出版社　一九八八年
林木順編《台湾二月革命》前衛出版社　一九九〇年
荘嘉農《憤怒的台湾》前衛出版社　一九九〇年
黄煌雄《蔣渭水評伝》前衛出版社　一九九二年
吉田荘人『中国名医列伝』中央公論社　一九九二年

あとがき

十数年前、我が家の庭に連翹が幾株か植わっていた。よく繁茂するので、一株だけ鉢植えにして残りは人に分けてしまった。鉢植えは、雨垂れの届く所であればよく育った。そのころ呉濁流の『台湾連翹』を読んだ私は、改めて台湾の人々の、連翹のような生命力の強さに惹かれるようになった。

前著『中国名医列伝』の執筆のさい、文献を調べているうちに、杜聡明ら傑物の足跡が目に止まり、これらをまとめようと決心したのが、本書を書くようになった契機である。

また、私の幼いころ、父親は戦前から終戦にかけて、台湾へ医薬品を輸出していた。その関係で私たち家族が、一時期台湾に住んでいたこともあり、史料を調べていると、遠い記憶の中の台湾が懐かしく思い出された。

そこで、一九九二年十二月、私は旅行を兼ねて、史料の信憑性を確認するために台湾を訪れた。経済・医療などあらゆる面において、その発展ぶりは、目を見張るばかりであった。

一九八八年の禁書解禁後、台湾では政治批判なども許され、日本と同じように言論の自由が認められるようになった。解禁前の出版物は、当局の検閲を恐れ、往々にして信憑性に乏しい。現在では、国策に叶った出版物や重版されたかつての禁書が書店に溢れているが、逸書に人気があるようである。幸い私もそれらを手に入れることができ、有益な史実を得て、台湾の近百年を人物史の形で辿ってみた。

更に、本書に登場する人物や関係者に会って、貴重な話を聴いたり、史料をいただいた。特に、頼和氏の遺著を御子息から賜わったことは、大変参考になった。また、疑問があるごとに文献の提供や助言をいただいた、多くの方々の御厚情に深く感謝したい。

最後に、この一篇を記して初孫勇汰の誕生を祝う。

一九九三年九月一九日

吉田荘人

著者略歴

吉田荘人（よしだ　そうじん）

1932年京都市に生まれる。京都大学医学博士。専攻外科学、中国医学史。上海医科大学客員教授。医院開設の傍ら著作に携わる。著書に『中国名医列傳』（中公新書）、『蒋介石秘話』（かもがわ出版）などがある。また、現在『漢方の臨床』に「本草のうた」、『東洋医学』に『漢方医の足跡』を連載中。

台灣百年史

定價：200 元

1994 年(民 83 年)1 月初版一刷
2005 年(民 94 年)1 月初版二刷
本出版社經行政院新聞局核准登記
登記證字號：局版臺業字 1292 號

著　　　者：吉田莊人
發　行　人：黃成業
發　行　所：鴻儒堂出版社
地　　　址：台北市中正區 100 開封街一段 19 號二樓
電　　　話：(02)2311-3810・(02)2311-3823
電話傳真機：(02)2361-2334
郵 政 劃 撥：01553001
E —mail：hjt903@ms25.hinet.net

法律顧問:蕭雄淋律師